LA ALEGRÍA DE DIBUJAR

LA ALEGRÍA DE DIBUJAR

Meditaciones diarias de 15 minutos para cultivar las habilidades de dibujo y relajarse coloreando

BLUME

Stephanie Peterson Jones

BLUME

Título original *Drawing for Joy*

Diseño gráfico y maquetación Laura McFadden
Diseño e ilustración de la portada Stephanie Peterson Jones
Traducción Laura Collet Texidó
Revisión de la edición en lengua española
Pere Fradera Barceló, Profesor, Escola Massana, Barcelona
Coordinación de la edición en lengua española
Cristina Rodríguez Fischer

Primera edición en lengua española 2018

Carrer de les Alberes, 52, 2.º, Vallvidrera
08017 Barcelona
Tel. 93 205 40 00 e-mail: info@blume.net

ISBN: 978-84-17254-17-9

Impreso en China

WWW.BLUME.NET

FSC www.fsc.org MIXTO Papel procedente de fuentes responsables FSC® C104723

Dedico este libro a Pip Jones,
cuyo amor y apoyo me permiten llevar
una vida creativa cada día.

Y a usted, artista. Mi mayor deseo es
que encuentre y cultive el placer de dibujar,
y que, a través de él, sienta una gran alegría.

Contenido

La alegría surge del fluir
Avanzar en el dibujo

Puro placer
Cuando el dibujo fluye

Introducción

«Una experiencia estética es aquella en que los sentidos están en pleno funcionamiento. Cuando estás presente en el ahora. Cuando resuenas con la emoción de aquello que estás experimentando. Cuando estás completamente vivo». SIR KEN ROBINSON

Crecí en un barrio de Nueva York donde había muchos niños. Cuando no jugábamos al escondite o nos tomábamos un Kool-Aid, nos sentábamos alrededor de una mesa con nuestros lápices del n.° 2 y un montón de láminas de papel recicladas y comenzábamos a dibujar. Nuestro pequeño grupo de amigos tenía una afición al dibujo que duraría toda la vida.

Hace unos años, dediqué mi proyecto final de máster a la práctica diaria de la meditación y la creación artística. Mi objetivo era calmar mi mente crítica, la llamada «mente del mono loco» en la filosofía budista, y reencontrar el placer del arte por el arte. El objetivo académico del proyecto era analizar la relación entre dichas prácticas y el efecto que ejercían la una en la otra.

Lo que descubrí fue que la meditación calmaba mi mente y la creación artística me hacía estar más presente en el ahora. Mi enfoque de creación artística diaria estuvo influenciado y se convirtió en algo similar al de la meditación, y el resultado fue una sensación de libertad que no había sentido antes. El bullicio de mi mente se calmó y me sentí relajada y en paz; conectada con mi verdadero yo. Esto es lo que aporta felicidad.

«La autenticidad es la práctica diaria de soltar a quien creemos que debemos ser y abrazar a quien somos en realidad». BRENÉ BROWN

La autenticidad es aceptarse tal y como uno es, y en ella reside la libertad y la belleza. Cuando, al meditar, la mente divaga, hay que soltar los pensamientos y devolver la atención a la respiración. No juzgue ni reaccione, simplemente vuelva a centrarse en ella. Continúe. Conciba el dibujo de la misma forma: centrándose en cada trazo. Si se bloquea o no le gusta lo que hace, no se juzgue y siga. Libérese del perfeccionismo y céntrese en el momento presente.

Este proceso le ayudará a entrar en un estado en que todo fluye. El psicólogo Mihaly Csikszentmihalyi define «fluir» como «un estado en que la persona está tan inmersa en una actividad que parece que nada más le importe; la experiencia es tan placentera que la persona continúa realizando la actividad incluso a costa de otras cosas, por el simple placer de realizarla». ¿Cómo le ayudará dicho proceso en el arte y en la vida? En lo siguiente:

Se sentirá más feliz.
Mejorará en todo lo que hace.
Reducirá sus niveles de estrés.
Le aportará una sensación de placer y paz.
Aprenderá a conocerse mejor, a ser más paciente, y a perdonarse a sí mismo y a los demás más fácilmente.
Dejará de juzgarse a sí mismo y a los demás, y aprenderá a confiar en su instinto.
Fluirá en su interior un sentimiento de satisfacción y bienestar.

Vivimos en un mundo virtual frenético, donde todo ocurre en un flash, y estamos condicionados a pensar que no tenemos tiempo para lo que necesitamos hacer. No obstante, si nos detenemos y nos regalamos la oportunidad de dedicar un tiempo a algo creativo, siempre lo agradecemos. Tomarse tiempo para una práctica artística es una forma de cuidarse uno mismo; sin duda, le aportará placer y experimentará la vida a tiempo real, en el momento presente.

No se confunda: la creación artística también puede resultar frustrante. Mucha gente sufre el pánico de la hoja en blanco. Nuestra mente crítica empieza a hablarnos. Practicar meditación le ayudará a liberar dichos pensamientos, y le situará en el momento presente, para que pueda centrarse en cada trazo. Los expertos afirman que han de transcurrir veintiún días para crear un hábito. Un año es mucho tiempo, lo sé. Solo le pido que intente hacerlo lo mejor que pueda, y cuando se salte uno o dos días, no se juzgue, simplemente decídase a empezar de nuevo. *He ahí la parte más difícil.*

La mejor parte es que, a medida que desarrolle el hábito del dibujo diario, su obra mejorará. Cuado digo «mejorará» me refiero a que será más auténtica, es decir, más hermosa. Y lo que es aún más interesante, su práctica repercutirá en otros aspectos de su vida.

Deseo de todo corazón que esta práctica sea para usted una herramienta con que encontrar la alegría, la autenticidad y la paz en su vida.

Meditación *mindfulness*

Está demostrado científicamente: la meditación puede mejorar su vida de forma ostensible y en muchos aspectos. Aumenta la concentración, reduce el bullicio mental, mejora las relaciones sociales, disminuye los niveles de estrés y ansiedad, y ayuda a dormir mejor. ¿Cómo podría uno no desear al menos alguna de estas ventajas?

Además, meditar un rato, aunque solo sean tres minutos, le ayudará a sacar mayor provecho de su práctica artística. Solo el hecho de concentrarse en tres respiraciones profundas antes de empezar, ya sirve. Cuando empecé mi práctica artística y de meditación, seguí las pautas de *El secreto de la felicidad auténtica: el poder de la meditación*, de la profesora y escritora Sharon Salzberg. Sus instrucciones, tanto en formato de texto como en audio, se encuentran disponibles fácilmente.

La meditación *mindfulness* consiste en tres pasos sencillos: siéntese cómodamente, concéntrese en su respiración y cuando se desconcentre (algo que ocurrirá), vuelva a concentrarse. Establezca el tiempo que va a meditar, por ejemplo, con el temporizador de cocina o la alarma del móvil. A continuación, una breve explicación de cómo practicar este tipo de meditación:

1

Elija un lugar tranquilo. Siéntese con la espalda recta, en el suelo o en una silla. Coloque las manos cómodamente sobre el regazo. Baje la vista y relájese. Puede cerrar los ojos si lo desea.

2

Empiece concentrándose en sus fosas nasales, los pulmones, o ahí donde sienta la respiración con mayor intensidad. Si le sirve de ayuda, puede decir mentalmente «inhalo, exhalo», contar (uno, dos), o usar una frase que le ayude a concentrarse. El monje budista vietnamita Thich Nhat Hanh usa frases que estimulan la práctica, llamadas pareados. Una frase puede ser «alegría en mi interior, alegría a mi alrededor».

3

En algún momento, su mente divagará y su atención se centrará en otra cosa. Cuando se dé cuenta de que esto ocurre, vuelva a concentrarse en la respiración. Puede que ocurra veinte veces en tres minutos. No se juzgue; simplemente, vuelva a centrarse en la respiración. Este vaivén forma parte de la práctica.

Esto es todo. Es sencillo, pero no es fácil; no obstante, vale la pena.

Momento presente

Cómo usar este libro

El presente libro se organiza en temáticas semanales y propuestas diarias para 365 días. Cada propuesta de dibujo toma aproximadamente 15 minutos y está pensada para que sea divertida y estimulante. Las propuestas se organizan de forma secuencial para ayudarle a desarrollar sus habilidades. Realizará garabatos, trazará contornos y creará texturas, y a medida que el libro avanza, los reunirá en conjuntos más complejos. Este libro no pretende enseñarle técnicas de dibujo realista, sino aportarle ideas y mejorar su habilidad para la práctica del dibujo meditativo.

Encuentre el lugar y el momento más adecuados. No importa si es la mesa de la cocina, su escritorio personal, o una cafetería. Lo importante es que sea un lugar donde usted pueda llevar a cabo su práctica sin distracciones. Desconecte el teléfono.

Tenga a mano sus herramientas de dibujo y conozca sus características. Use su paleta artística (*véanse* págs. 20-21) para establecer una guía de las herramientas de que dispone. Afile los lápices de colores y asegúrese de que los rotuladores tengan suficiente tinta. Establezca un objetivo para su práctica; puede ser tan simple como «Espero soltar las circunstancias del día de hoy» o «Espero tener una gran energía creativa».

El libro empieza con ejercicios básicos para ir avanzando poco a poco. Usted practicará motivos, líneas y texturas, aprendiendo los elementos y los principios de la creación artística. Los ejercicios básicos le ayudarán a dominar la práctica y aportarán mayor confianza y naturalidad a sus creaciones artísticas futuras.

Al inicio, le ofrecemos plantillas —directrices que le ayudarán a realizar la propuesta del día—. Si no las necesita o quiere modificarlas, dibuje su versión en un cuaderno de dibujo. El cuaderno también le será útil si necesita más espacio o quiere dedicar más tiempo a una propuesta determinada. Los cuadernos de dibujo vienen en diferentes tipos de papel; elija el más apropiado a las herramientas que emplee. Con el paso de las semanas, avanzará gradualmente desde los dibujos más básicos a los más complejos, y tendrá menos plantillas.

Las propuestas pueden resultar más o menos adecuadas según la experiencia artística previa de cada uno. No dude en modificar cualquier elemento si es necesario. Considere sus habilidades y adapte los ejercicios de forma que le resulten divertidos y a la vez estimulantes. Utilice distintas herramientas de dibujo. Añada elementos. Prescinda de otros. Reajuste el tiempo que dedica a su práctica.

Por último, una de las cosas más difíciles es no juzgar el resultado. Algunas veces no le gustará lo que ha hecho. Aceptar sus imperfecciones y dibujar de forma desinhibida resulta liberador, y si lo consigue, la experiencia será más profunda y satisfactoria. Cuanto más dibuje, menos le importará el resultado.

Tache un círculo cada día de práctica de dibujo

Cuaderno de dibujo

1 Lo esencial

Antes de empezar, compruebe que tiene a mano todo lo que necesita. Asegúrese de que se encuentra en un lugar confortable y sin distracciones. Pruebe diferentes herramientas de dibujo y elija aquellas que le resulten más cómodas y agradables. Prepárese una taza de té y ponga su música favorita. Haga lo necesario para crear un entorno donde se sienta bien, y exprese su intención de disfrutar de un rato para sí mismo.

Herramientas de dibujo

Para los dibujos de este libro, lo mejor que puede hacer es usar el material que le permita trabajar con más comodidad. Quiero que se sienta confiado, sin vacilar ni borrar constantemente. Un trazo negro contundente muestra confianza. No obstante, es importante probar diferente material para encontrar el que mejor le funciona a usted. Existe un abanico interminable de herramientas de dibujo, por lo que voy a comentar solo algunas y dejar que usted decida con cuáles va a trabajar. A continuación presentamos varios tipos de bolígrafos y lápices y sus respectivas características.

BOLÍGRAFOS

Bolígrafos de bola Son geniales porque permiten crear trazos distintos según la presión ejercida. Están disponibles en varios colores y son económicos. Los Bic son una buena opción.

Roller Contienen tinta líquida y se deslizan muy bien sobre el papel. Están disponibles en trazos de varios grosores. Yo prefiero los modelos Pilot Precise y Uni-Ball Vision.

Rotuladores de tinta gel Contienen tinta en forma de gel, similar a la de los bolígrafos de bola, pero más líquida. Crean trazos contundentes y son cómodos de utilizar. Sakura fabrica una línea llamada Gelly Roll, disponible en gran variedad de colores y estilos, como metálico y polvo de estrella.

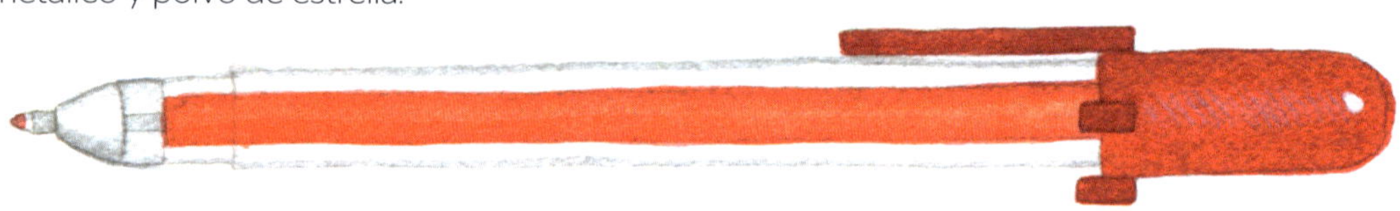

Rotuladores con punta de fieltro Para dibujar, mi rotulador con punta de fieltro favorito es Sakura Pigma Micron. Está disponible con punta de varios tamaños y estilos, y contiene una tinta impermeable de gran calidad, muy apropiada para medios acuosos.

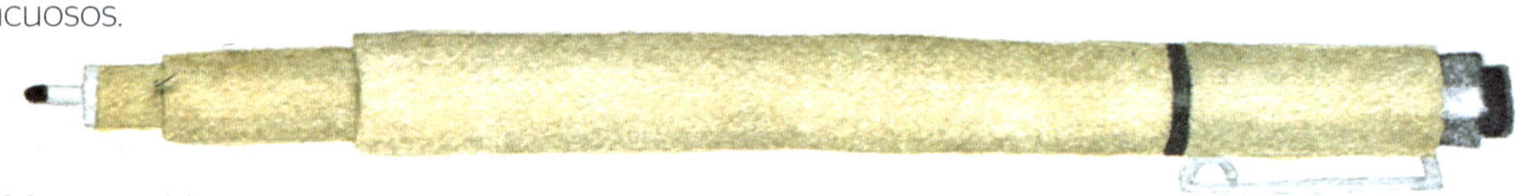

Rotuladores blancos *Me encantan* los rotuladores blancos. Son ideales para dibujar sobre papel negro, pero también sobre zonas donde previamente se ha aplicado color o tinta, y crean un gran contraste. Yo uso Uni-Ball Signo Um-153, pero existen muchos otros en el mercado. Funcionan mejor sobre superficies mates (no brillantes).

Si aún no se siente seguro para utilizar rotulador, aquí tiene varias opciones de lápices y gomas de borrar. Debe tener una goma, pero procure no utilizarla demasiado.

LÁPICES

Lápices de madera Estos lápices contienen grafito y están disponibles en varios grados de dureza, desde 6H (muy duro) hasta 6B (muy blando), pasando por HB (medio). Con un lápiz muy duro se obtiene un trazo ligero. Con un lápiz blando se consigue un trazo cremoso y oscuro, útil para crear sombras. Yo uso Staedtler Mars Lumograph. Requieren sacapuntas.

Lápiz mecánico Los lápices mecánicos son prácticos porque no requieren sacapuntas y el grafito se retrae en el interior de la funda de plástico o metal, por lo que no se rompe. Recargue el grafito cuando sea necesario. Mi modelo favorito es Pentel Twist-Erase.

GOMAS DE BORRAR

Gomas de borrar rosas Se trata de las gomas de borrar básicas que encontramos en el extremo superior de los lápices. Contienen piedra pómez, que puede ser abrasiva en el papel, y desprenden un polvo residual.

Gomas de borrar blancas Estas se fabrican con vinilo blando. Borran bien, y el polvo que desprenden se acumula. Se deslizan bien sobre el papel. Si se ensucian, pueden cortarse con un cuchillo de manualidades. Yo uso la marca Staedtler Mars.

Gomas de borrar moldeables Pueden deformarse para borrar o resaltar zonas diminutas. El grafito de la goma desaparece cuando se amasa hacia su interior. No desprenden virutas. Recomiendo el modelo de Prismacolor.

Colorear

Aunque este libro se centre en el dibujo, mi deseo es que use también abundantes colores. Existen tantos materiales divertidos y eficaces para colorear que parece injusto recomendar unos y no otros. Por este motivo, he hecho una lista de los que yo uso o he usado para crear las ilustraciones de este libro. Si su presupuesto le permite utilizar solo un medio para colorear, le recomiendo una buena caja de lápices de colores. Son fáciles de emplear y transportar, y pueden formar capas y mezclarse para obtener diferentes resultados.

BOLÍGRAFOS DE COLORES

Pueden utilizarse tanto para dibujar como para colorear. Son ideales para trazar líneas finas y añadir detalles o resaltar determinados elementos. Los bolígrafos Gelly Roll de Sakura están disponibles en una gran variedad de colores y estilos, como metálico, neón o tinta opaca con relieve.

ROTULADORES

Existen muchos tipos de rotuladores. Algunos (Crayola) son impermeables; y pueden tener la punta fina, gruesa, de cepillo o cincel. Otros (Copic) son más adecuados para zonas pequeñas, y otros, para zonas amplias que han de cubrirse con mucho color. Pueden comprarse en cajas o individualmente, y su precio puede variar. Visite la tienda de material artístico más cercana y elija una caja de rotuladores que incluya tanto colores brillantes como pastel.

LÁPICES DE COLORES

Yo siempre he utilizado los lápices de colores de Prismacolor. Están disponibles en cajas de varios tamaños. Le recomiendo que compre la caja más grande que pueda permitirse. Consiga también un lápiz incoloro para mezclar, que le permitirá alisar el color sobre el papel o mezclar colores distintos.

LÁPICES DE ACUARELA

Los lápices de acuarela pueden utilizarse como lápices de color o como acuarelas. Yo tengo una caja de Derwent. Este medio puede emplearse de muchas formas. A mí me gusta añadir agua en una parte de un dibujo previamente coloreada con lápices de acuarela, o crear una capa de acuarela, dejarla secar y luego volver a pintar encima con lápices de colores. *Véase* también la *Semana 27: Dibujos para meditar* (*véanse* págs. 86-87), donde se presenta la técnica del aguado.

Su paleta artística

Realice una muestra de sus herramientas de dibujo utilizando esta ilustración. Le ayudará a elegir los colores, el grosor de los trazos o la dureza de los lápices.

Su licencia de artista

«Hoy vas a ser tú mismo. Esta es la única verdad. ¡Nadie en el mundo es más tú que tú!». DR. SEUSS

Si ha llegado a esta página, está listo para sumergirse en el mundo del arte.

Todos somos artistas. No conozco ninguna institución que defina quién lo es o no lo es. Yo creo que, cuando uno escribe, compone, pinta o cocina un plato delicioso, está expresando su verdadero yo. Hacerlo es un valiente acto de creatividad, no apto para temerosos. Cuando uno decide ser valiente y dedicar tiempo a una actividad creativa, está eligiendo el osado camino del artista. No abandone su práctica y le garantizo que le aportará un gran placer.

«Cuando la vida te cierre una puerta, vuelve a abrirla. Es una puerta. Así es como funciona». ANÓNIMO

Todos somos críticos con nosotros mismos y con los demás, pero no debemos escuchar dicha crítica, sobre todo cuando esta no es alentadora. En el instituto, mi tutor me dijo que no me preocupara por ir a la universidad, porque nunca lo conseguiría. Casi cada vez que cuento esta anécdota, otra persona me cuenta una similar.

Debemos liberarnos de estas historias lo antes posible. No deje que las opiniones negativas alimenten su miedo. Crea en sí mismo. A muchas personas les han hecho creer que el talento artístico es algo con lo que se nace, y piensan:

- Yo no soy un artista.
- El arte se me da fatal.
- No tengo talento.
- No soy creativo.

Tome ahora mismo un bolígrafo y tache las frases anteriores. Rechácelas por completo. Es cierto que algunas personas tienen un talento natural, pero *todos* los artistas desarrollan sus habilidades con la práctica.

Mi consejo: haga oídos sordos cuando alguien le diga que no es lo bastante bueno o que no debe ni intentarlo. Quizá tenga buena intención, pero no le hace ningún favor.

La expresión «tomarse la licencia artística» significa que, en tanto que artista, uno tiene el derecho de modificar, interpretar, redefinir, decorar o exagerar una obra de arte de la forma que desee. Yo añadiría que, al reclamar esta licencia, uno se da permiso a sí mismo para considerarse artista. Solo firme la línea de puntos y será un artista.

Créame, se divertirá, y le prometo que la creación artística le aportará una gran satisfacción. Así pues, tome su mejor pluma estilográfica y firme su licencia de artista.

LICENCIA DE ARTISTA

(nombre)

es oficialmente

ARTISTA

En tanto que artista, prometo ser osado, confiar completamente en mí mismo y no juzgarme acerca de cualquier responsabilidad.

Al embarcarme en la práctica diaria del arte, tendré paciencia y valentía, y mantendré la confianza en que la práctica diaria me aportará alegría y libertad.

Me comprometo a dedicar 15 minutos al día a la creación artística, y si me salto algún día, la retomaré sin juzgarme.

(firma)________________________ (fecha)______________

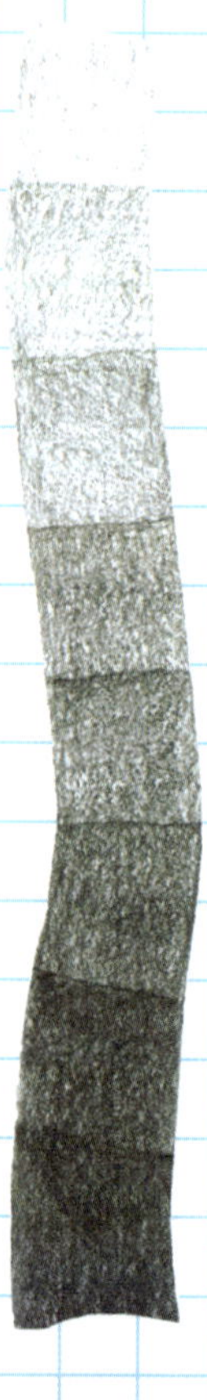

«Antes de pensar fuera de la caja, debes empezar por una caja».

TWYLA THARP

La base de la creación artística

Para disfrutar de la experiencia de la creación artística, es necesario disponer de una serie de herramientas y practicar con ellas. Los elementos y principios del arte están presentes en todos los dibujos y pinturas que creará. Cuando los conozca, sabrá por dónde empezar al realizar un dibujo.

En este apartado, presentamos dichos principios básicos, centrándonos cada día en la práctica de elementos distintos y familiarizándonos con diferentes materiales. Le ofrecemos plantillas y una consigna que le ayudarán a iniciar su práctica.

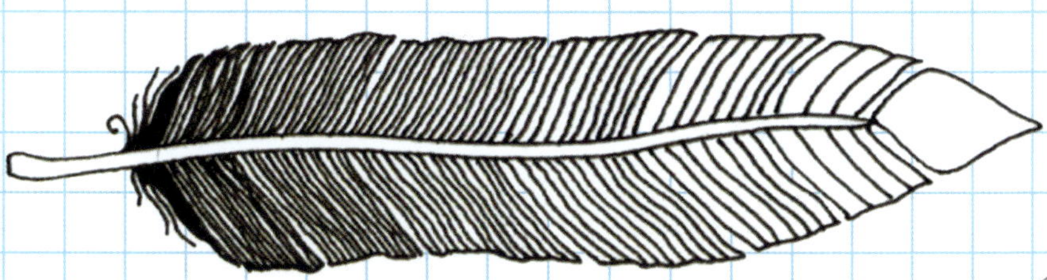

Elementos artísticos

Sin estos seis elementos básicos no se puede dibujar.

Línea Recorrido que traza un punto que se desplaza por el espacio.

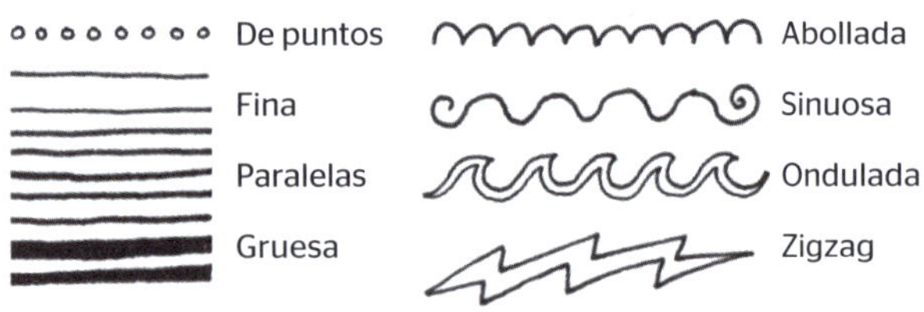

Las líneas se utilizan para crear espirales, bordes y cenefas, y para expresar textura y dirección.

Figura Es bidimensional y plana; presenta solo altura y anchura.

Geométricas

Orgánicas

Cuerpo Es tridimensional; presenta altura, anchura y profundidad.

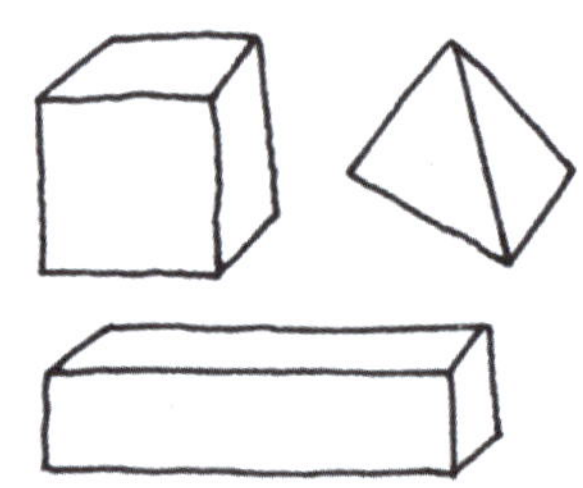

Formas

Color Reflejo de la luz sobre un objeto o superficie tal y como la percibe el ojo. El círculo cromático muestra cómo se mezclan los colores y nos ayuda a comprender la relación entre ellos. Para saber más acerca del color, *véanse* págs. 40-41.

Textura Calidad de la superficie o el tacto de un objeto. Puede ser lisa, rugosa, abultada, dura, suave, etc.

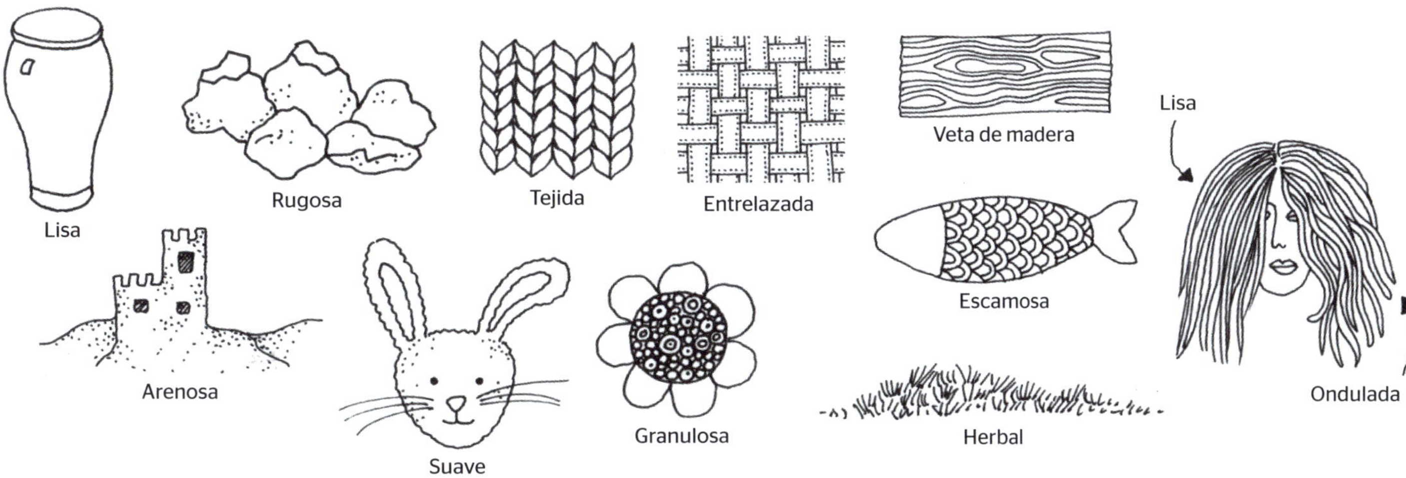

Espacio Zona entre figuras y elementos.

Valor Gama de tonos de oscuro a claro. Puede crearse con cualquier medio y mediante técnicas distintas. Ayuda a expresar contraste, textura y forma, así como a resaltar determinadas zonas.

Líneas

Cualquier dibujo incluye líneas, y las hay de muchos tipos: rectas, horizontales, diagonales, onduladas, curvas, de puntitos, discontinuas, sinuosas, gruesas, finas, espirales, etc. Para dominar el trazado de líneas hay que tener paciencia y practicar. Intente crear líneas gruesas para resaltar las zonas principales y líneas finas para los detalles. Añada color donde desee.

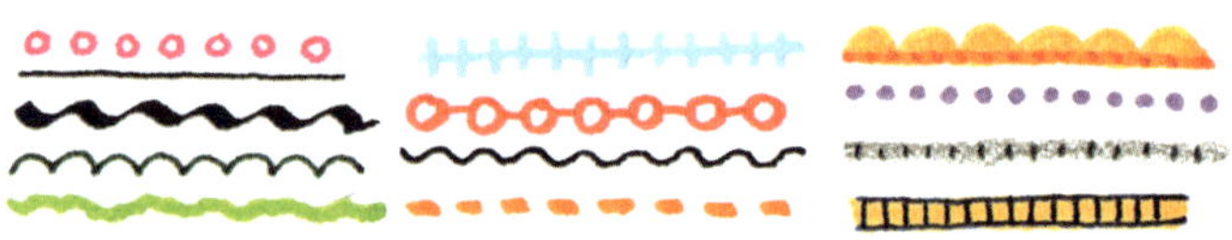

Día 1 Practique en el espacio superior. Trace líneas de todo tipo. Realice una línea de dos tipos distintos con diferentes medios. ¡Sin miedo!

Día 2 Dibuje el contorno y los tallos de las flores con diferentes tipos de líneas.

Día 3 Dibuje sobre la plantilla. Empiece por la parte inferior, trazando diferentes tipos de líneas. Llene el resto del espacio con otras líneas de colores.

«Una línea es un punto que se ha ido de paseo».

PAUL KLEE

Día 4 Dibuje el mandala empleando diferentes tipos de líneas.

Día 5 Dibuje la valla y añádale textura de veta de madera.

Día 6 Dibuje el agua debajo del barco.

Día 7 Con distintos tipos de líneas, dibuje este diseño de forma que parezca un bordado.

Trazar líneas rectas Marque dos puntos donde quiera situar los extremos de la línea. Al trazarla, no pierda de vista el punto de destino, de esta forma ¡dibujará una línea recta!

[SEMANA 2]

Bordes

Ha llegado el momento de unir líneas para crear bordes. Los bordes delimitan un espacio y pueden trazarse con una sola línea o mediante una combinación de varias líneas o elementos. Pueden ser rectas, onduladas, en zigzag, etc.

Día 1 Utilice la plantilla gris para crear bordes con líneas de distintos estilos.

Día 2 Dibuje las esquinas y luego los lados rectos.

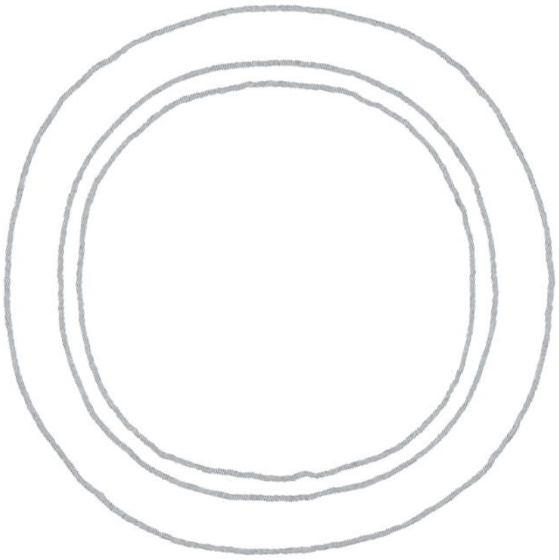

Día 3 Use la plantilla para crear un borde de varias líneas. Dibuje fuera del borde exterior.

Día 4 Dibuje un borde interior mediante líneas verticales de izquierda a derecha y de arriba abajo, dentro de los cuatro lados. Dibuje un elemento decorativo en las esquinas.

Día 5 Dibuje un borde interior y otro exterior en la figura ovalada. Al unir los extremos de cada línea, procure que esta quede lo más continua posible.

Día 6 Dibuje un borde exterior y otro interior, dejando mucho espacio entre ambos. Rellene el espacio con una cenefa curiosa.

Día 7 Trace un corchete en la parte exterior de cada lado del rectángulo. Si realiza un punto en el centro le ayudará a espaciarlos. Dibuje otros bordes.

[SEMANA 3]

Valor

El *valor* hace referencia a la gama de tonos. Se utiliza para mostrar el efecto de la luz sobre un objeto, crear contraste entre elementos y resaltar determinadas partes del dibujo.

Día 1 Con un lápiz de grafito, oscurezca las capas del pastel de arriba abajo, de claro a oscuro, oscureciendo el valor en cada capa. Cree capas de lápiz claras para obtener un tono homogéneo y continuo.

Día 2 Estas son algunas de las muchas técnicas para expresar valor utilizando tinta. Practique las técnicas de los cuadrados de la izquierda en los cuadrados vacíos.

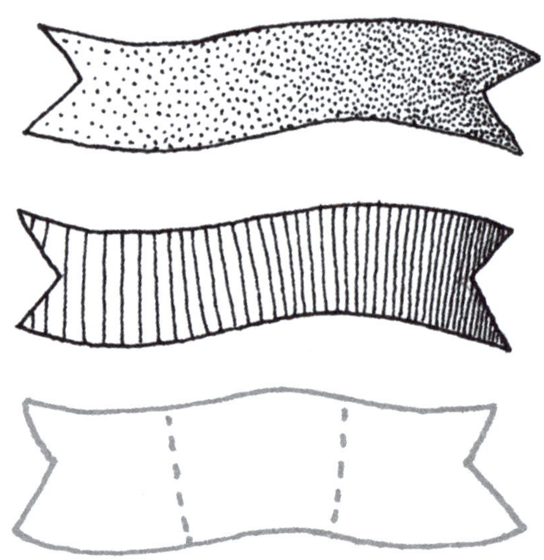

Día 3 Elija dos de las técnicas anteriores y oscurezca las cintas empezando por un lado más claro. Dejando más espacio entre los puntos, las líneas y otros elementos creamos un efecto más claro.

Utilizar el valor (y la temperatura) para crear profundidad visual

Al dibujar, tenga en cuenta que los colores oscuros (y los fríos) parecen retroceder hacia el fondo en una composición, mientras que los claros (y también los cálidos) parecen avanzar, y por tanto, resaltan más.

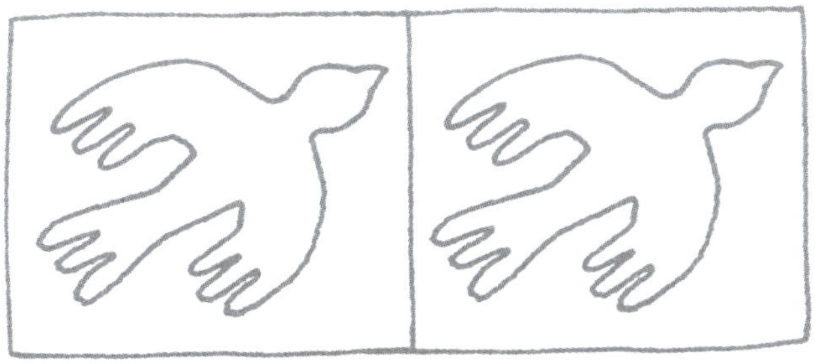

Día 4 La distribución del valor puede cambiar completamente el aspecto de un dibujo. Utilice el medio y el estilo que prefiera, y añada valor al pájaro en el cuadrado izquierdo y al fondo en el cuadrado derecho. ¿Cómo altera la imagen el uso del valor?

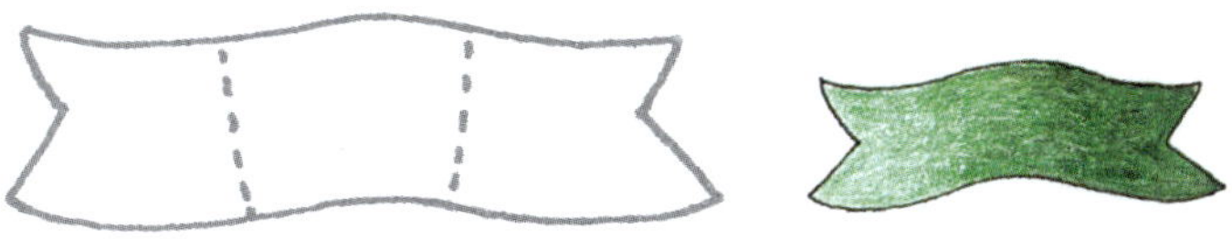

Día 5 Aplicando blanco, *aclaramos* un color.
a. Con un lápiz de color, añada una capa muy fina de color en el lado izquierdo de la cinta y agregue capas de color a medida que avanza hacia la derecha. Para conseguir una transición homogénea, aplique el color en varias capas finas.

b. Coloree la flor y las hojas con tonos claros.

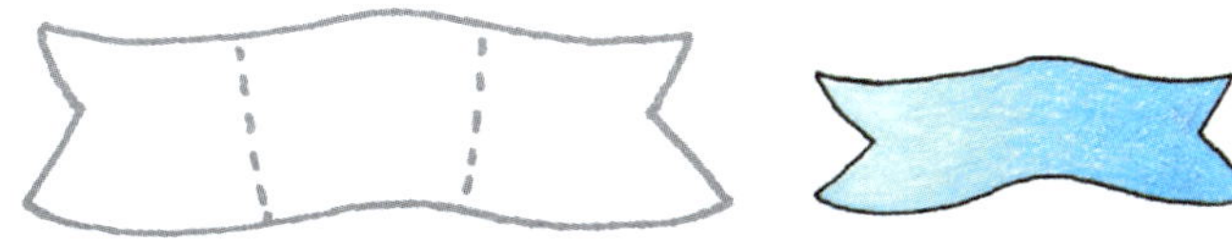

Día 6 Aplicando negro, *oscurecemos* un color.
a. Con un lápiz de color, oscurezca la cinta de forma homogénea y luego añada capas finas de grafito o lápiz negro, desde la línea discontinua de la izquierda hacia la derecha.

b. Coloree la flor y las hojas con tonos oscuros.

Día 7 Decore el mandala utilizando varios colores y técnicas para expresar valor.

[SEMANA 4]

Figuras

Las figuras geométricas, como círculos, cuadrados, triángulos y hexágonos, se trazan (y pueden medirse) con varias herramientas. Las figuras orgánicas son irregulares y presentan un aspecto fluido y natural; suelen asociarse a los animales y las plantas.

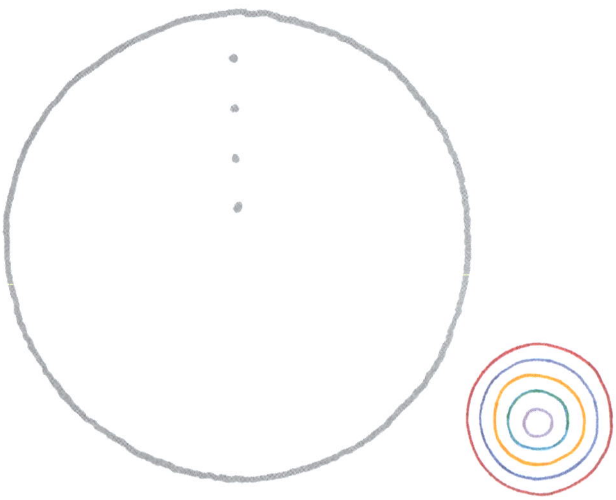

Día 1 Trace cuatro círculos concéntricos utilizando varios puntos como guía. Luego, realice otros cuatro entre los anteriores.

Trazar círculos perfectos

Para trazar un círculo lo más perfecto posible, no pierda de vista el extremo final a medida que lo dibuja.

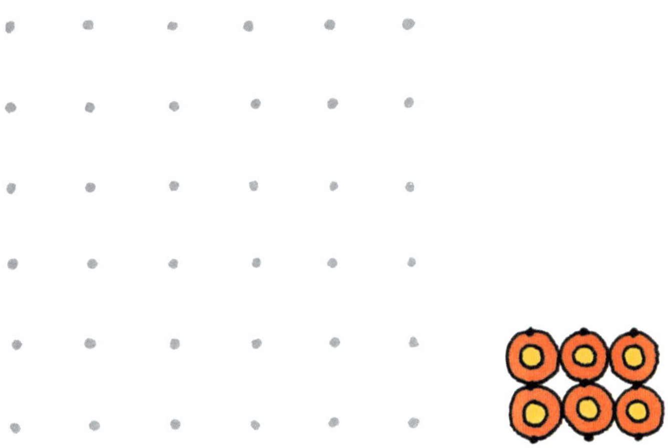

Día 2 Con la cuadrícula de puntos como guía, trace varios círculos cuyos extremos se toquen. Añada dos puntos a cada círculo, en sentido vertical. Luego, trace nuevos círculos en el interior de los círculos anteriores.

Día 3 Conecte los puntos con líneas rectas para formar una cuadrícula. En cuadrados alternantes, trace cuadrados más pequeños. Finalice el dibujo con otras figuras geométricas en el interior de los cuadrados vacíos.

Día 4 Trace rectángulos en el interior de la plantilla para formar un diseño de ladrillos.

Día 5 Dibuje una persona bailando con triángulos que compartan al menos un lado.

Día 6 Henri Matisse creó arte abstracto con recortes de papel. Utilice figuras inspiradas en Matisse para realizar sus propias figuras orgánicas.

Día 7 Dibuje una obra de arte abstracto dentro del marco superior, con figuras orgánicas y/o geométricas. Puede crear figuras de diferentes tamaños y conectarlas o superponerlas.

[SEMANA 5]

Crear cuerpos

Un cuerpo se crea cuando un artista emplea varias técnicas para añadir la ilusión de profundidad, haciendo que un dibujo bidimensional parezca tridimensional.

Día 1 Con un lápiz, cree la sombra que se proyecta en el lado opuesto de la fuente de luz.

Día 2 Utilice las plantillas para crear una figura tridimensional del rectángulo y el cilindro siguiendo el método ilustrado. Sombree los lados.

Día 3 Dibuje tres cubos, trazando solo las líneas que se observarían en una figura tridimensional, y cree sombras con lápiz, bolígrafo y color (los colores claros avanzan; los oscuros, retroceden).

Óvalos para crear esferas

Un cilindro se dibuja combinando una figura (cuadrado, rectángulo o triángulo) con un óvalo. Cuanto más circular sea el óvalo, mayor sensación dará de que es observado desde arriba. Cuanto más estrecho sea, mayor sensación dará de que está frente al observador.

La iluminación en el dibujo

Para dar un aspecto tridimensional a un objeto se puede recurrir al valor. La zona donde la luz incide directamente sobre el objeto se resalta dándole el valor más claro. La zona que queda en la sombra se oscurece o sombrea. Para convertir un círculo en una esfera, disminuya poco a poco el valor, pasando de un valor claro (valor elevado) a otro oscuro (valor bajo). La sombra que el objeto proyecta, donde este bloquea el paso de la luz, se llama *sombra proyectada*.

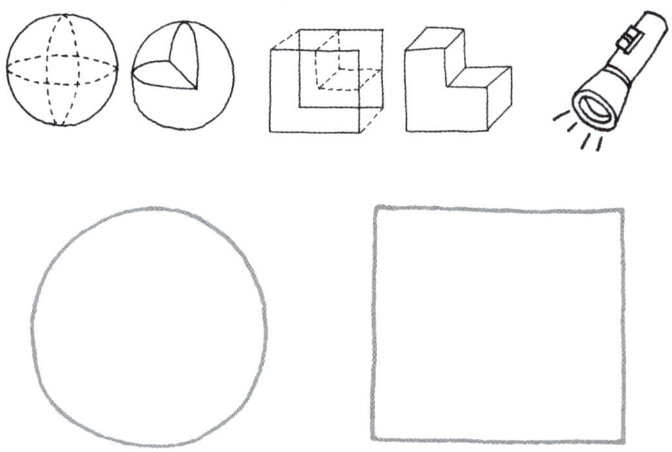

Día 4 Dibuje una sandía en la que se ha cortado una porción, y un cuadrado con una esquina recortada (formando peldaños).

Día 5 Determine la posición de una fuente de luz y luego sombree las botellas, diferenciando la parte que queda delante y las que quedan retraídas. Use tonos claros en la parte frontal y tonos más oscuros en el resto.

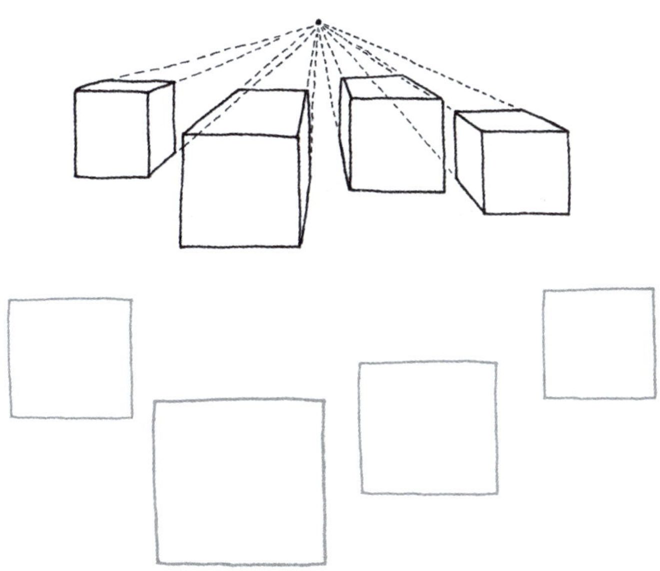

Día 6 Perspectiva frontal: dibuje líneas discontinuas que conecten las esquinas de los cubos con el punto de fuga, y luego trace líneas paralelas a los cubos para crear las formas tridimensionales. Sombree.

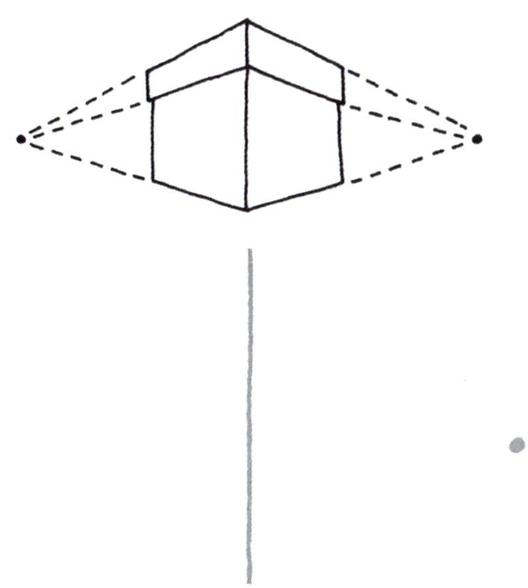

Día 7 Perspectiva oblicua: trace una línea central de la longitud que desee. Conecte los extremos a diferentes puntos situados arriba y abajo de la línea, formando una caja. Trace líneas verticales para acabar el dibujo de la caja.

[SEMANA 6]

Unir figuras

Uniendo figuras se pueden crear dibujos hermosos, como el bailarín de triángulos de la página 35. Cuando realice un dibujo figurativo (un objeto, figura o paisaje realista), intente verlo como un conjunto de formas simples. Para las propuestas de dibujo de esta semana, necesitará un lápiz para poder borrar las líneas constructivas.

Día 1 Tazas: combine un rectángulo y dos óvalos (para la taza) y un círculo (para el asa). Perfeccione la forma antes de reseguir con tinta las líneas. Dibuje otra taza sin utilizar la plantilla.

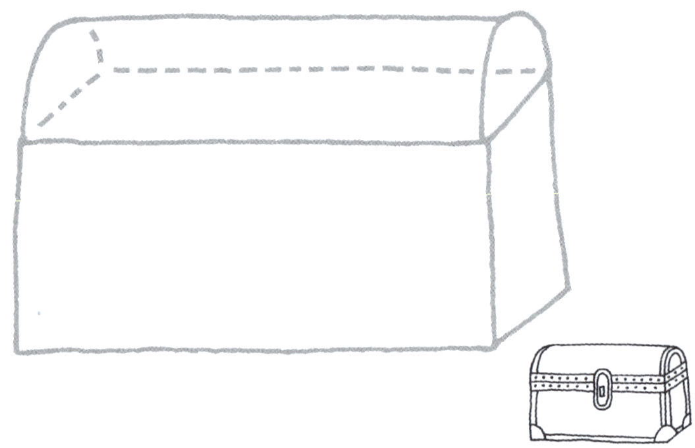

Día 2 Baúl: dibuje un baúl tridimensional trazando un semicírculo a ambos lados superiores de un rectángulo. Conecte las líneas y borre las partes que no quedarían visibles. Añada hebillas, correas, etc.

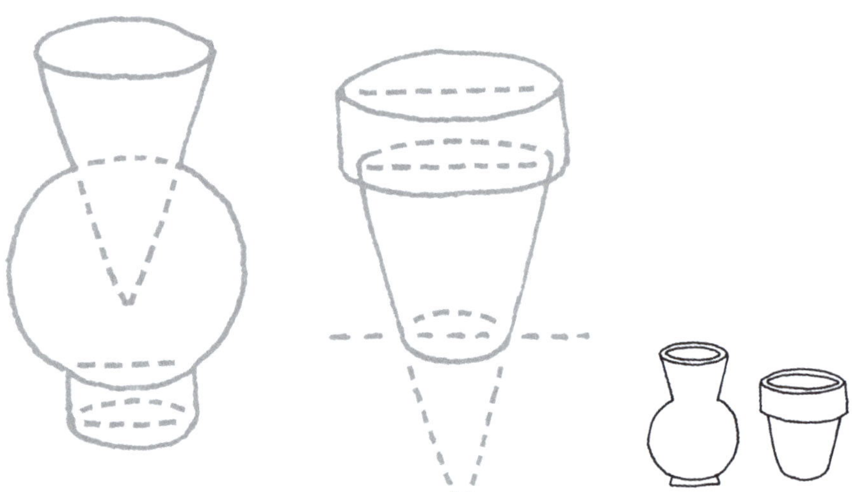

Día 3 Jarra y maceta: cree una jarra y una maceta con estas plantillas. Luego, dibuje otros modelos con su toque personal.

Día 4 Flores: use estas plantillas para crear flores combinando figuras. Añada detalles y coloree.

Día 5 Diseño radial: empiece trazando una figura central y luego añádale figuras alrededor, como líneas, etc.

Días 6 y 7 Cree un dibujo espontáneo con figuras geométricas y orgánicas situadas unas al lado de otras. ¡Sin miedo!

[A TENER EN CUENTA]

Círculo cromático y armonía

¿Quién no recuerda la lección del círculo cromático en la escuela? Saber cómo se forman los colores y conocer la relación entre ellos puede ayudarle a crear una variedad de paletas cromáticas infinita para sus dibujos.

Armonía cromática Hace referencia a la combinación agradable de colores. El cerebro humano rechaza el caos. A la derecha y abajo encontrará ejemplos para conseguir armonía cromática combinando colores mediante el uso del círculo cromático.

Colores primarios (rojo, azul y amarillo) Se sitúan a la misma distancia en el círculo cromático. No pueden crearse mediante la mezcla de otros colores, pero pueden mezclarse para obtener todos los demás.

Colores secundarios Se obtienen mezclando dos colores primarios.

Colores terciarios Se obtienen mezclando un color primario con otro secundario, por ejemplo, verde azul o naranja amarillo.

Aclarar Podemos aclarar un color añadiéndole blanco.

Oscurecer Podemos oscurecer un color añadiéndole negro.

Tonos Son colores a los que se ha añadido blanco y negro.

Colores cálidos (naranja, rojo y amarillo) Crean sensación de luz y energía; tienden a avanzar visualmente.

Colores fríos (azul, verde y morado) Crean sensación de calma y sosiego; tienden a retroceder visualmente.

Análogos

Complementarios

Triádicos

Tetrádicos

Complementarios partidos

Cuadriláteros

Colorear flores

El uso de una gama cromática afecta a la sensación o al ambiente de la obra. Esta semana, coloree una flor al día con un esquema cromático distinto: análogo, complementario, triádico, tetrádico, complementario partido y cuadrilátero. ¡Utilice colores aclarados con blanco y oscurecidos con negro! Después, elija los colores del esquema cromático.

Crear motivos

La creación de diseños basados en la repetición de motivos se parece a la meditación con mantras, pues aporta una sensación de calma, concentración y paz. Esta semana nos dedicaremos a ellos, practicando diferentes formas de disponer los elementos a medida que se repiten. Practique los motivos y figuras manteniendo un tamaño y un espaciado regulares.

Ejemplo

Día 1 Rellene las figuras con motivos aleatorios, empezando por los bordes.

Día 2 Utilice esta cuadrícula para crear un diseño simétrico, similar al de los pétalos de la flor situada arriba.

Día 3 Rellene estas figuras con motivos concéntricos (es decir, que comparten el mismo centro).

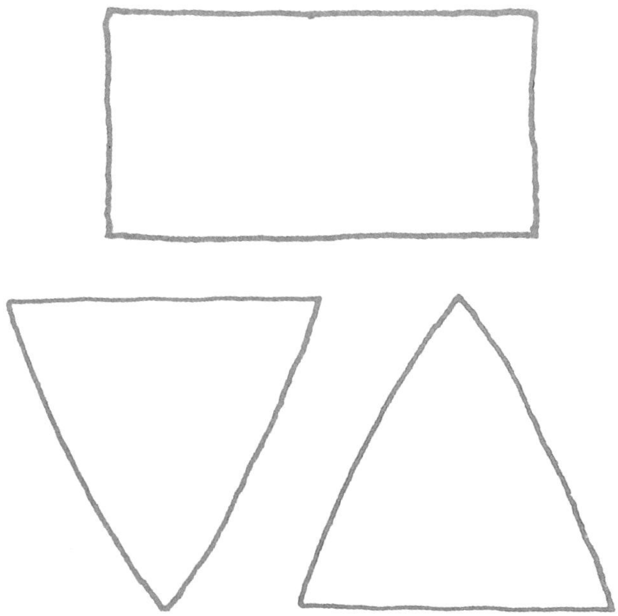

Día 4 Rellene estas figuras con un diseño de líneas. Puede crear líneas de distinto grosor y estilo y añadir detalles decorativos.

Día 5 Dibuje motivos aleatorios en el interior de estas figuras y luego enlace los distintos elementos.

Día 6 Rellene estas figuras con motivos en direcciones distintas.

Día 7 Rellene esta flor con motivos diferentes.

[SEMANA 9]

Unir motivos

La creación y el uso de motivos es un arte en sí mismo. Pueden tener un valor claro u oscuro y ser gruesos o finos, dependiendo del tamaño de las zonas negras y blancas, así como del espaciado entre los distintos elementos. El mejor método es dividir el espacio y crear subdivisiones, y luego trazar los motivos en el interior. Utilice las plantillas para crear motivos como se indica en cada figura.

Día 1 Cree motivos en forma de escamas.

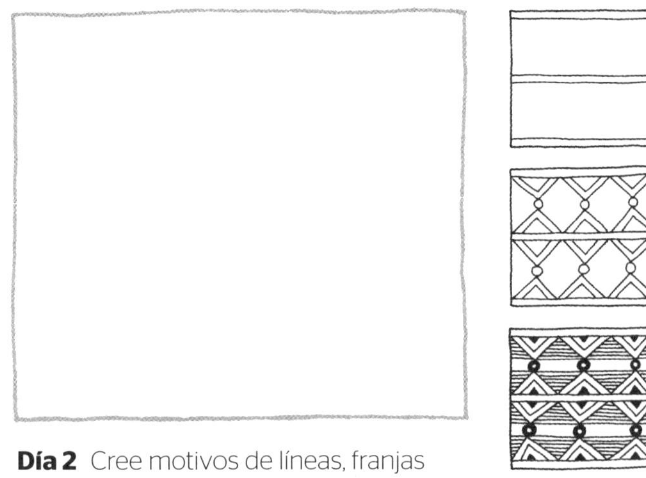

Día 2 Cree motivos de líneas, franjas y rombos.

Día 3 Cree motivos circulares.

Día 4 Cree motivos gruesos y finos, combinando zonas blancas y negras.

Día 5 Cree motivos claros y oscuros dejando más o menos espacio blanco expuesto.

Día 6 Divida el cuadrado en cuatro secciones y rellénelas con motivos gruesos, finos, claros y oscuros.

Día 7 Cree figuras en el interior de la mariposa y luego rellénelas con motivos. Procure dejar espacios en blanco y negro.

Espaciar motivos dentro de una figura

Al rellenar una zona con motivos, empiece por un extremo y continúe cubriendo de forma gradual tanto el espacio interior como los bordes de la figura. De este modo, evitará que se formen espacios irregulares donde el diseño no parece homogéneo.

[A TENER EN CUENTA]

Principios del diseño

Los artistas aplican una serie de principios que les ayudan en la creación de sus composiciones.

Simétrico

Asimétrico

Radial

Equilibrio Distribución del peso visual dentro de una composición; puede ser simétrico, asimétrico o radial.

Énfasis Se utiliza para llamar la atención del observador. Puede conseguirse a través del tamaño, el color o el contraste.

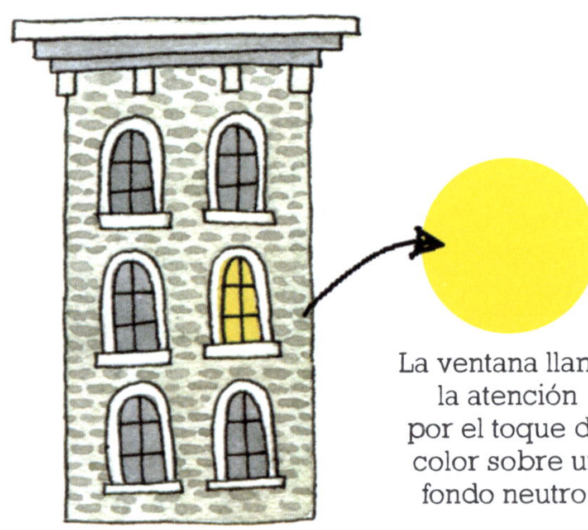

La ventana llama la atención por el toque de color sobre un fondo neutro.

Ritmo Aparece cuando un elemento se usa repetidas veces para crear sensación de movimiento. El ritmo visual sugiere un ambiente o una energía determinados.

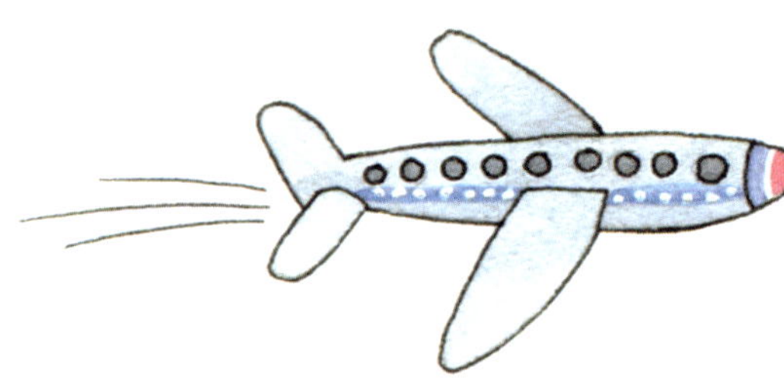

Movimiento Dirección o recorrido que sugiere una composición. Puede crearse mediante líneas, motivos, colores o bordes.

Variedad Uso de múltiples elementos de diseño para guiar la atención del observador dentro de una obra de arte.

Unidad Organización armónica de todas las partes de la obra de arte, dando al observador una sensación de conjunto integrado.

Motivos Figuras, objetos o símbolos que se repiten y llenan el espacio.

Repetición La repetición de motivos y elementos de diseño crea una sensación de actividad y aporta unidad a la obra de arte.

Equilibrio

La simetría abunda en la naturaleza y en el arte. Imagine que hay un espejo en las líneas rectas y discontinuas de cada plantilla; trate de dibujar el reflejo de las siguientes imágenes.

Día 1 Dibuje la otra mitad de las hojas y añada líneas y/o motivos.

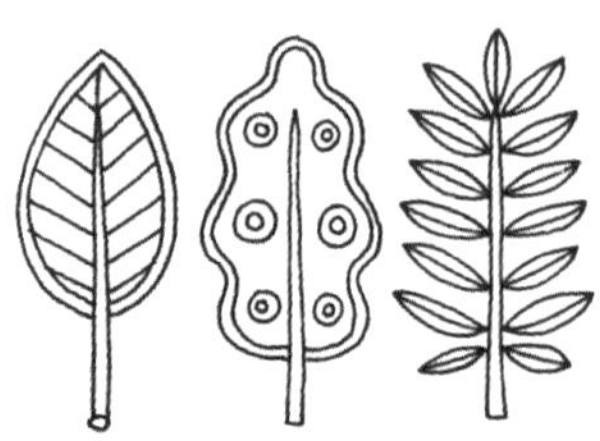

Día 2 Dibuje la otra mitad de las flores y añada líneas y/o motivos.

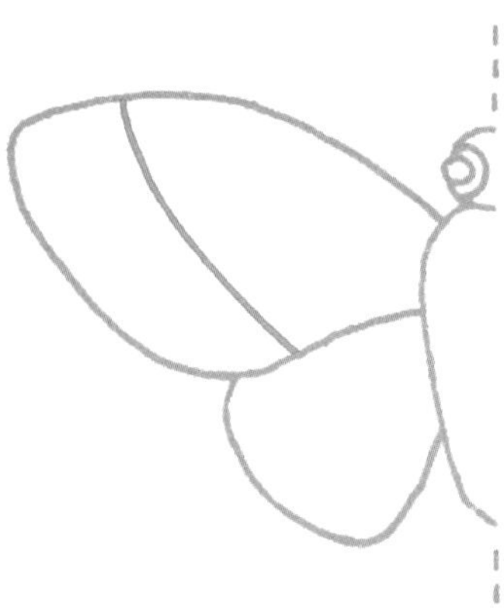

Día 3 Dibuje la otra mitad de la polilla y añada líneas y/o motivos.

Día 4 Dibuje la otra mitad de la mariposa y añada líneas y/o motivos.

Día 5 Dibuje la otra mitad de la calavera y añada líneas y/o motivos.

Día 6 Dibuje la otra mitad del mandala y añada líneas y/o motivos.

Día 7 Dibuje el mismo diseño tres veces más, como un reflejo en cada cuarto.

Movimiento

Para expresar movimiento y ritmo se utilizan varios elementos artísticos. La dirección, la energía, la velocidad y la acción se expresan y/o enfatizan mediante varias técnicas.

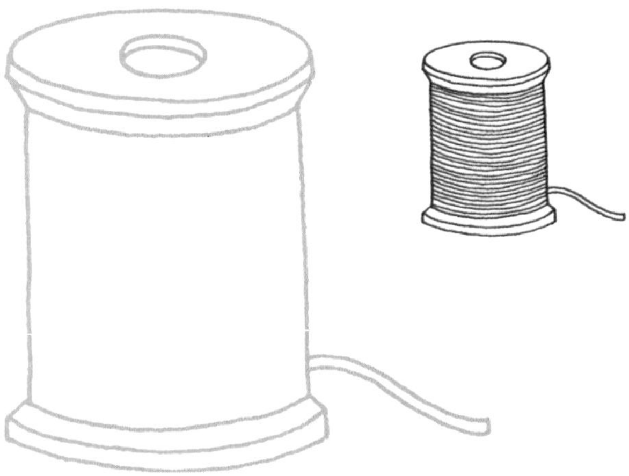

Día 1 Dibuje el hilo del carrete.

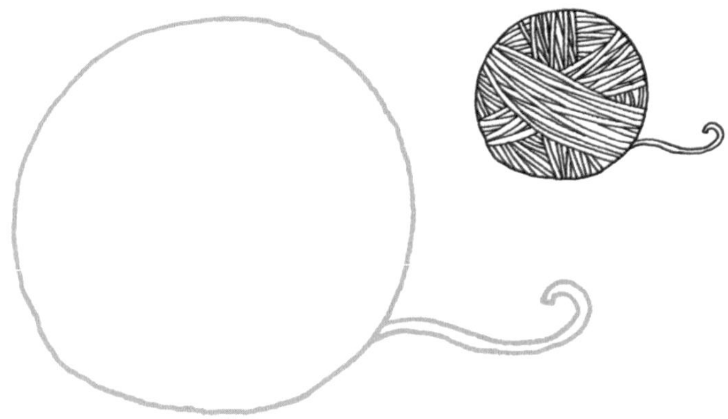

Día 2 Dibuje el hilo del ovillo.

Día 3 Dibuje los rayos del sol.

Día 4 Dibuje el resplandor alrededor del planeta.

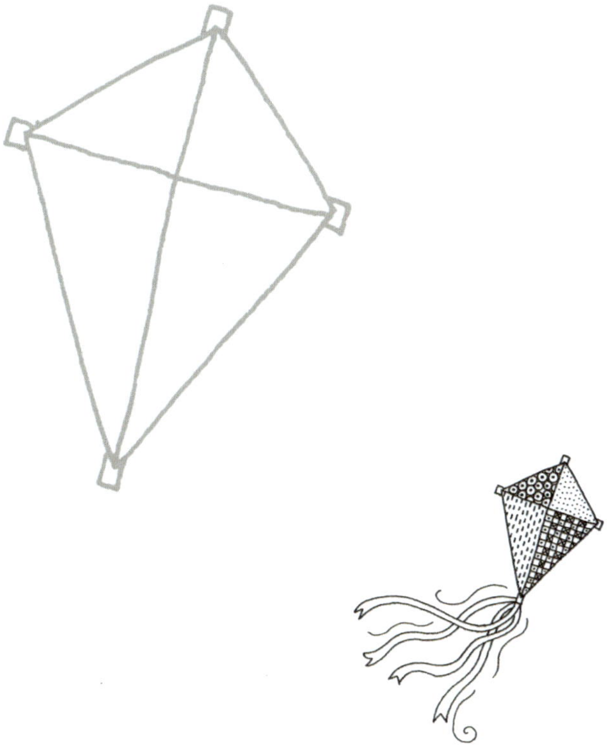

Día 5 Muestre la dirección en que vuela esta cometa añadiendo cintas y líneas de movimiento.

Día 6 Añada movimiento y ritmo al agua, así como a la escena del mar.

Día 7 El artista Keith Haring trazaba líneas de movimiento alrededor de las figuras en sus obras de arte. Cree líneas concéntricas alrededor de estas figuras para expresar que están bailando.

El poder de las flores

Esta semana trabajaremos con plantillas de flores y hojas. Diviértase empleando diferentes elementos y principios artísticos para crear motivos y diseños alegres.

Día 1 Dibuje estas hojas.

Día 2 Dibuje racimos de hojas en los tallos.

Día 3 Dibuje varias flores con pétalos.

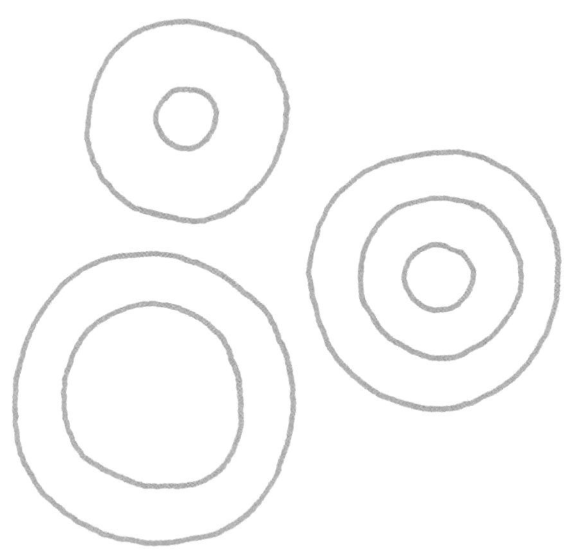

Día 4 Dibuje flores circulares.

Día 5 Dibuje tulipanes.

Día 6 Dibuje flores de formas curiosas.

Día 7 Dibuje una guirnalda de flores y hojas.

Repetición de motivos

La repetición de motivos crea diseños impresionantes. Al repetir un elemento, por sencillo que sea, adquiere una gran presencia, y a veces cuesta incluso reconocer la imagen original. Esta semana tomaremos imágenes sencillas y las repetiremos de formas distintas empleando plantillas cuadriculadas.

Día 1 Franjas (elementos dispuestos formando líneas rectas). Elija un motivo sencillo y cree un diseño de franjas.

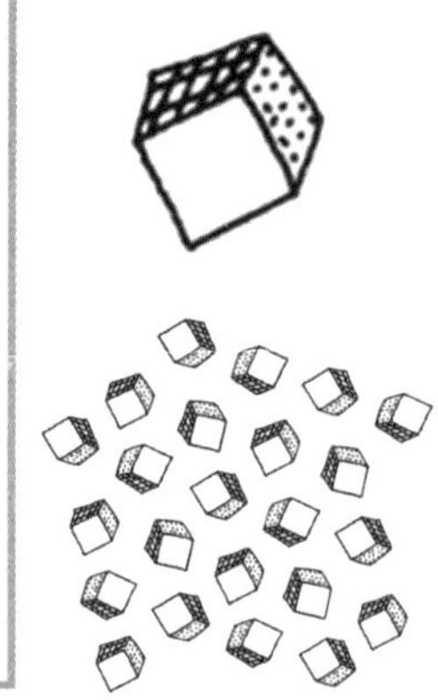

Día 2 Aleatorio (elementos situados de forma aleatoria dentro de una zona definida). Elija un motivo sencillo y cree un diseño aleatorio.

Día 3 Cuadrícula (elementos dispuestos de forma homogénea tanto en sentido vertical como horizontal). Elija un motivo sencillo y cree un diseño de cuadrícula.

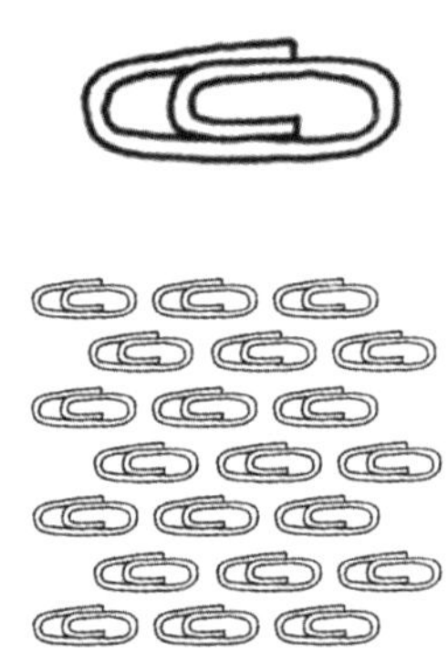

Día 4 Ladrillos (similar a las franjas, pero con líneas alternas corridas medio espacio en relación a los motivos situados arriba y abajo). Cree un diseño de ladrillos.

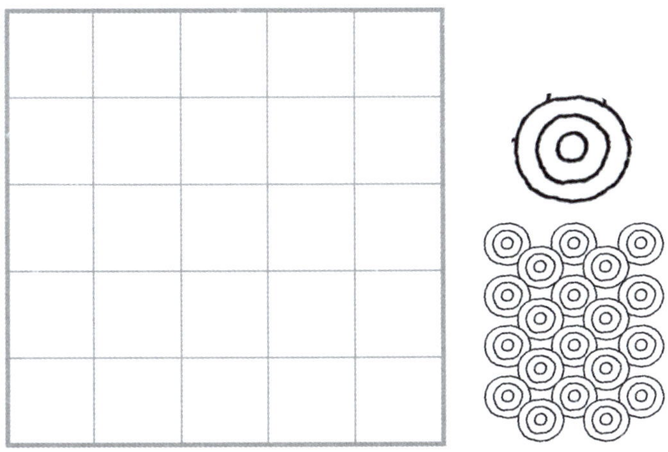

Día 5 Superpuesto (motivos superpuestos; pueden disponerse en fila, en diagonal, de forma radial o aleatoria). Elija un motivo sencillo y cree un diseño superpuesto.

Superposición en el dibujo

Al superponer objetos para crear profundidad, dibújelos primero en lápiz, sin apretar. Cuando los repase con tinta, trace solo el área del objeto que quiera situar al frente. Una vez esté seca la tinta, borre las líneas del objeto situado detrás.

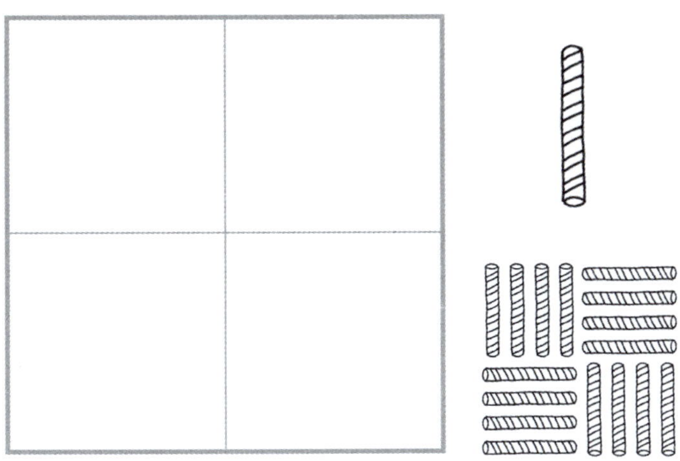

Día 6 Cesto (similar a la cuadrícula, pero los motivos, o conjuntos de motivos, alternantes presentan una rotación de 90°). Elija un motivo sencillo y cree un diseño de cesto.

Día 7 Radial (diseño que se inicia desde el centro hacia el exterior formando un círculo). Elija un motivo sencillo y cree un diseño radial.

[SEMANA 14]

Dibujar dentro y fuera

Al descomponer un dibujo, observamos que casi todos están formados por la suma de figuras básicas. Esta semana dibujaremos en el interior y alrededor de varias figuras para crear imágenes tanto figurativas como abstractas. Diviértase y use el espacio negativo (el espacio «en blanco» entre motivos) mientras imagina en qué se convertirá cada uno.

Día 1 Cree un dibujo usando este círculo como punto de partida.

Día 2 Cree un dibujo utilizando este cuadrado como punto de partida. ¿Cómo le ayudan los colores a decidir lo que va a dibujar?

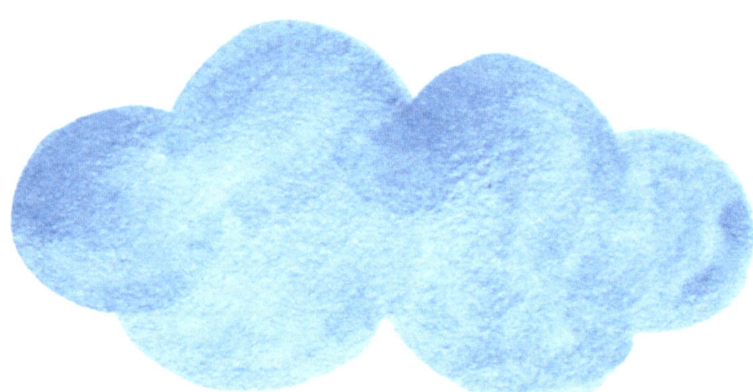

Día 3 Emplee esta figura como punto de partida. Que tenga forma de nube no significa que lo sea.

Día 4 Deje volar su imaginación y utilice esta figura orgánica como punto de partida para el dibujo de hoy.

Día 5 Hoy empiece con este triángulo amarillo.

Día 6 ¿Qué es esta figura? Lo que usted decida.

Día 7 Use esta combinación de figuras para crear el dibujo de hoy.

«Practicar cualquier forma de arte, sin importar lo bien o mal que lo haga, es una forma de alimentar el alma. Así pues, hágalo». KURT VONNEGUT

Libérese

Una de las lecciones más importantes que aprenderá al practicar arte cada día es que el resultado pasa a ser menos importante que el propio tiempo que le dedica. De esta forma, al día siguiente seguirá practicando. Como en la vida, unos días son más fructíferos que otros. Practicar arte con valentía, sin juzgar el resultado, liberará su alma y le aportará un gran placer. Este apartado presenta consignas divertidas que le guiarán en la práctica de lo aprendido en el apartado anterior. Cada consigna viene acompañada de una plantilla que le ayudará como punto de partida. Si dispone de más tiempo, tome el cuaderno de dibujo y lánzcese sin las plantillas.

Hojas

Esta semana practicaremos diferentes tipos de hojas. Mis ejemplos y plantillas representan hojas que hallamos en la naturaleza. Use el espacio vacío que hay a su alrededor para crear sus propios modelos, inspirados tanto en la naturaleza como en su imaginación. Fíjese que las hojas siempre crecen a partir de los tallos, y que las nervaduras son más delicadas a medida que se alejan de él.

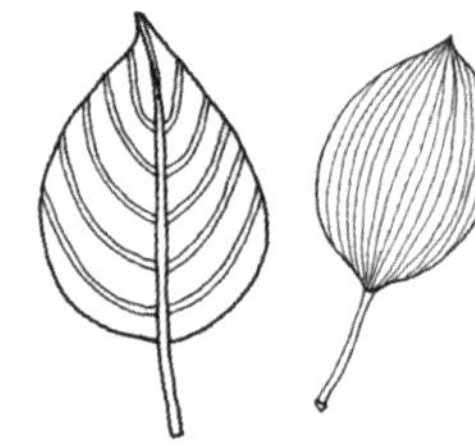

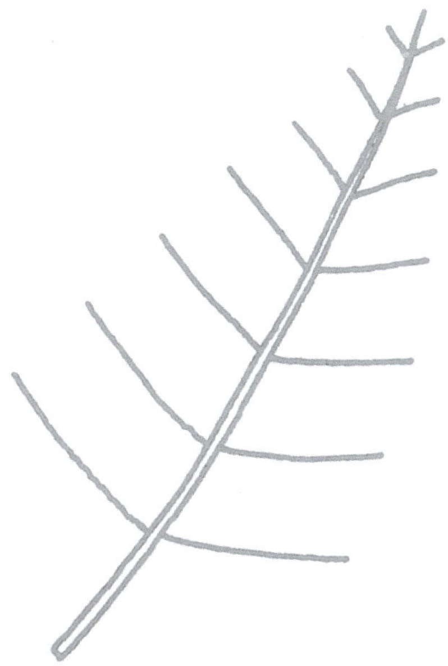

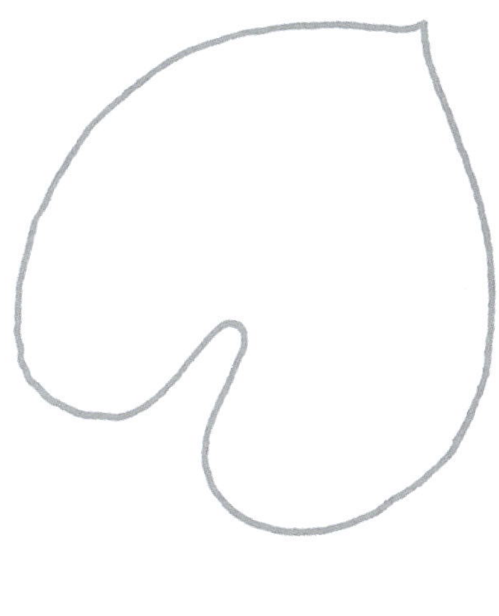

[SEMANA 16]

Flores sencillas

Esta semana practicaremos diferentes tipos de hojas. Mis ejemplos y plantillas representan flores que encontramos en la naturaleza. Use el espacio vacío que hay a su alrededor para crear otros modelos, inspirados tanto en la naturaleza como en su imaginación.

Fíjese en que los pétalos de las flores se superponen —a veces más, y otras, menos—. Dibuje primero los pétalos situados delante y luego complete el dibujo con los pétalos que se encuentran detrás. Marque a lápiz el lugar donde los pétalos se tocarán en el círculo central; cuando estén todos bien colocados y la tinta se haya secado, borre las marcas de lápiz.

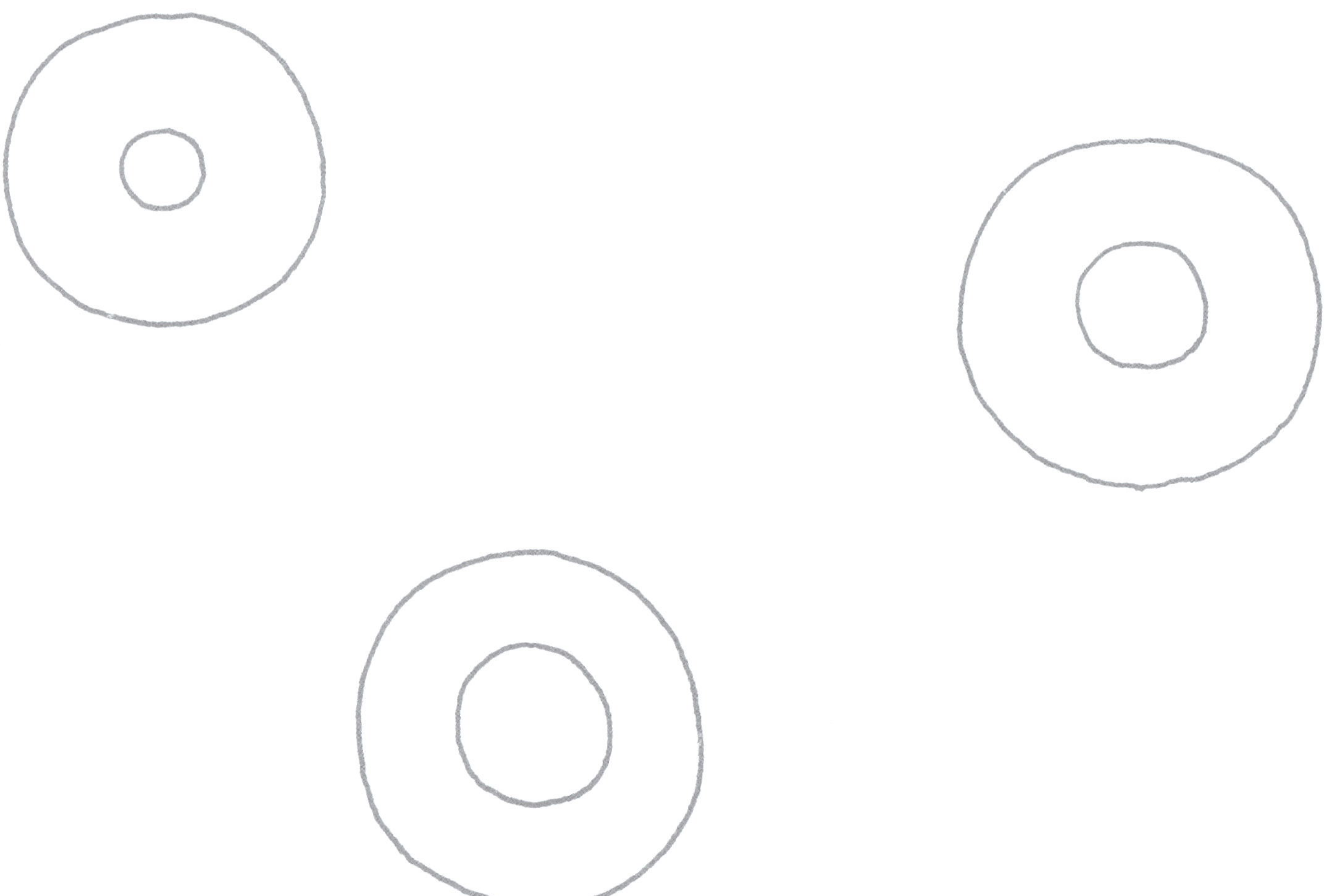

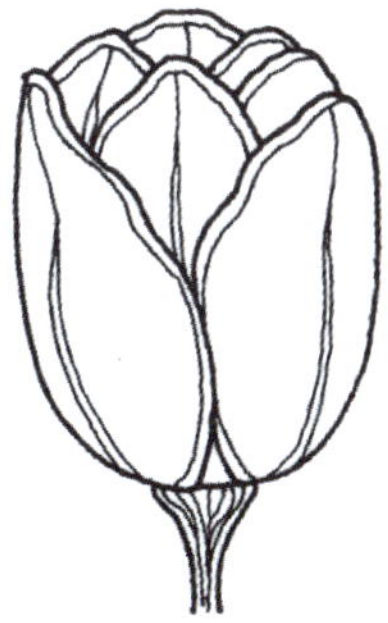
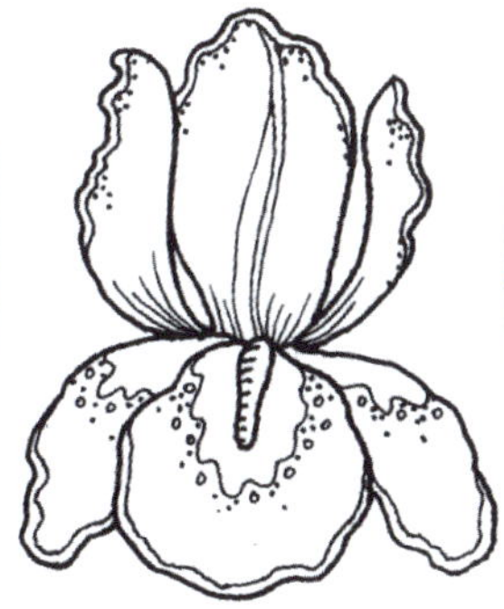
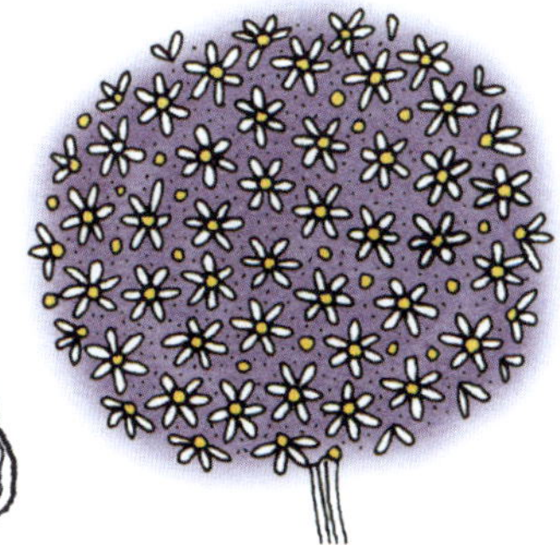
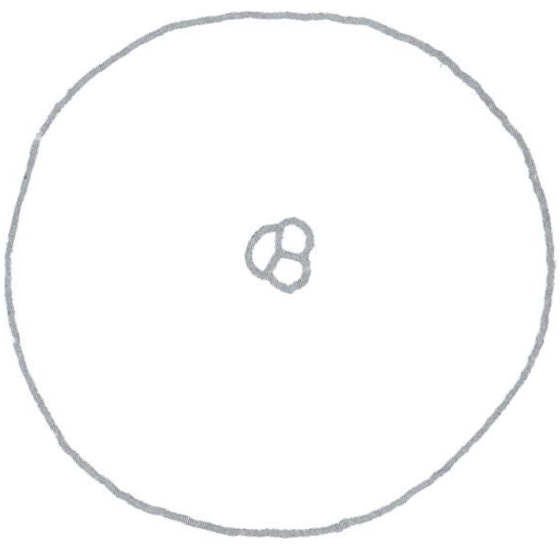
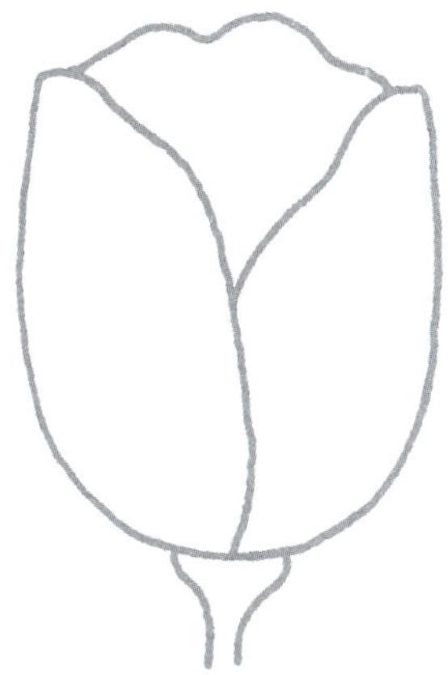

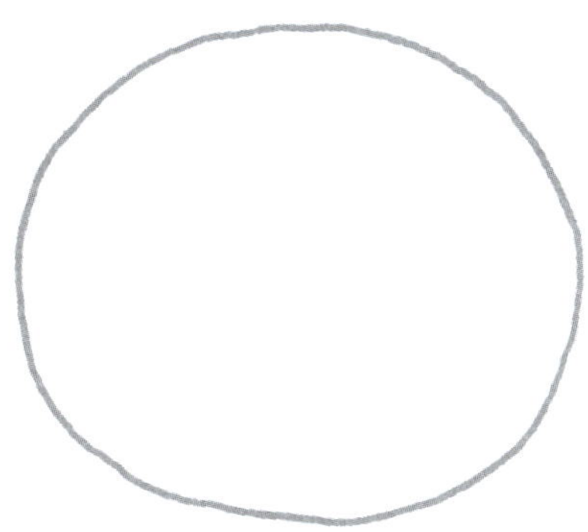

Marcos básicos

Imagine que está colocando en una pared varios marcos con fotografías, espejos y cuadros. Algunos son sofisticados y con abundantes detalles decorativos, mientras que otros son extravagantes o geométricos. Esta semana, diviértase dibujando bordes alrededor de marcos, jugando con las esquinas y otros elementos decorativos. Al igual que con las flores (*véase* pág. 64), márquelos primero en lápiz. Si lo desea, ¡dibuje o pegue pequeñas fotografías para rellenar el interior de los marcos!

Divertirse con plumas

Si observa varias plumas, advertirá que tienen características distintas. Mis ejemplos se basan en plumas reales o imaginarias; en cualquier caso, las plumas tienen una forma ideal para disfrutar coloreándolas y decorándolas con motivos.

Una vez más, empiece trazando guías en las zonas más grandes, y luego dibuje los detalles más pequeños dentro de cada espacio.

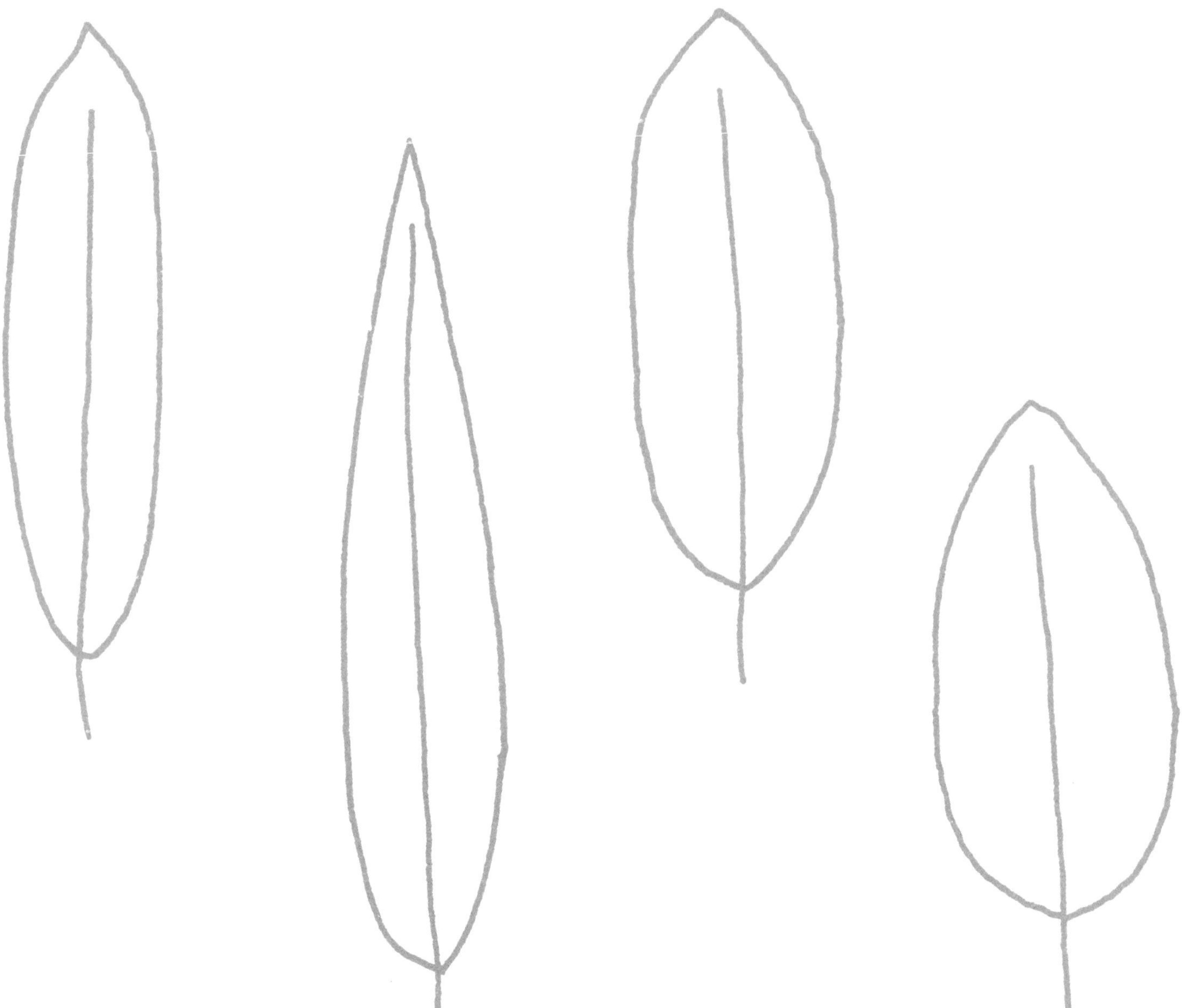

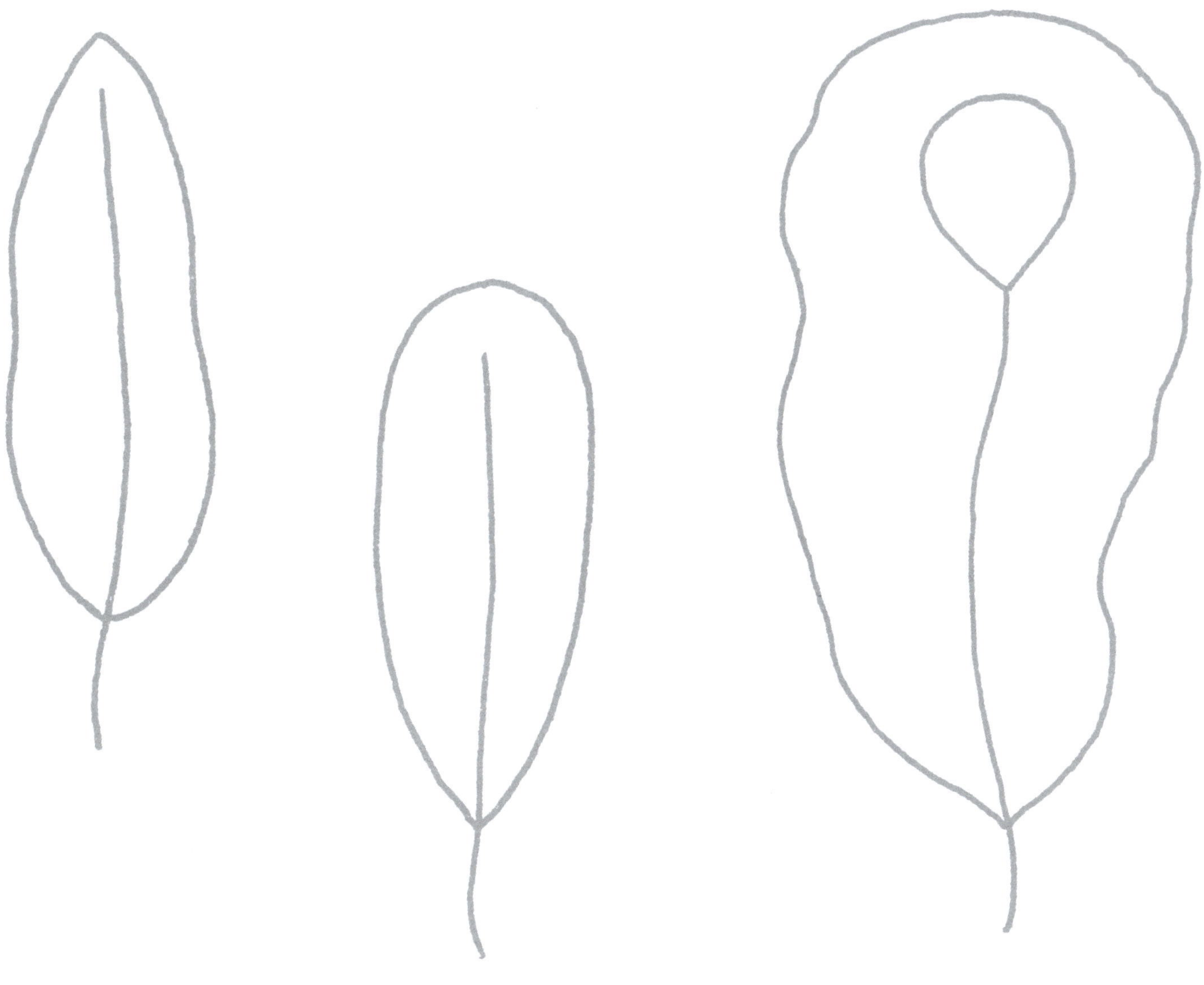

Texturas cotidianas

La textura expresa de qué material están hechos los objetos. Se distingue de los motivos en que sugiere el tacto del objeto y puede variar dentro de una misma figura. Intente dibujar texturas utilizando las siguientes plantillas. Marque con un lápiz el espaciado de las líneas o las cuadrículas, si las necesita.

[SEMANA 20]

Conchas

En el mundo existen muchos tipos de conchas hermosas. Aunque mis ejemplos se basen en modelos reales, los colores son fruto de mi imaginación. Diviértase creando su propia colección a partir de las plantillas de esta página. De nuevo, empiece trazando guías en las zonas más grandes y luego rellene cada espacio con detalles decorativos.

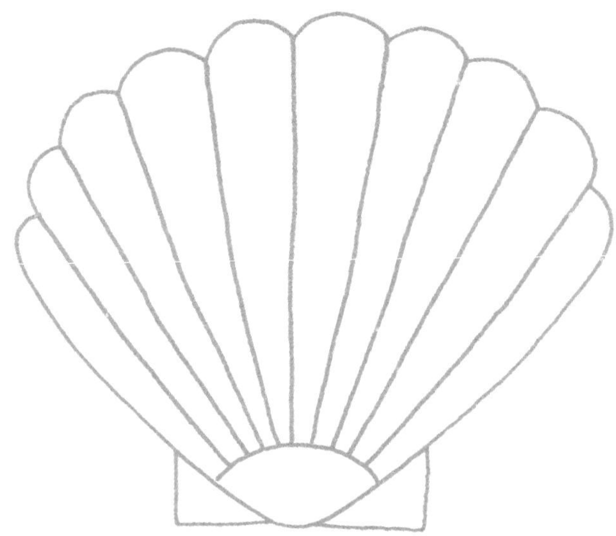

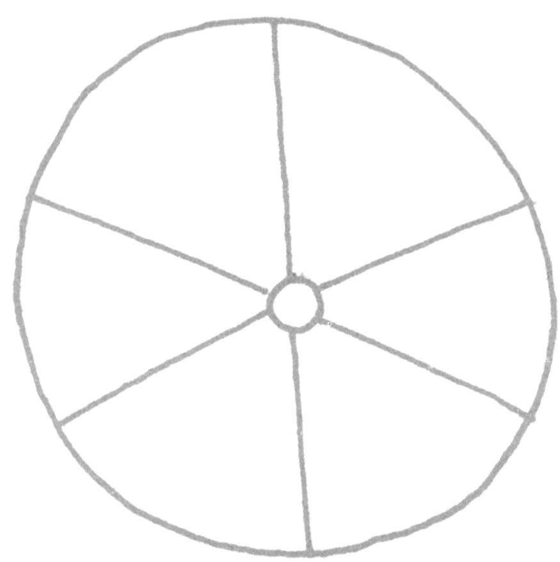

[SEMANA 21]

Mariposas e insectos

A la hora de dibujar mariposas e insectos, el principio de simetría (*véase* pág. 50) es fundamental. Utilice las plantillas, así como su propia imaginación, para trazar las figuras. Aunque parezca sorprendente, mis ejemplos se basan en modelos reales de la naturaleza; así pues, no hay límites a la hora de crear formas y colorear. Empiece trazando las divisiones principales del espacio a ambos lados, y luego dibuje los detalles con líneas más finas.

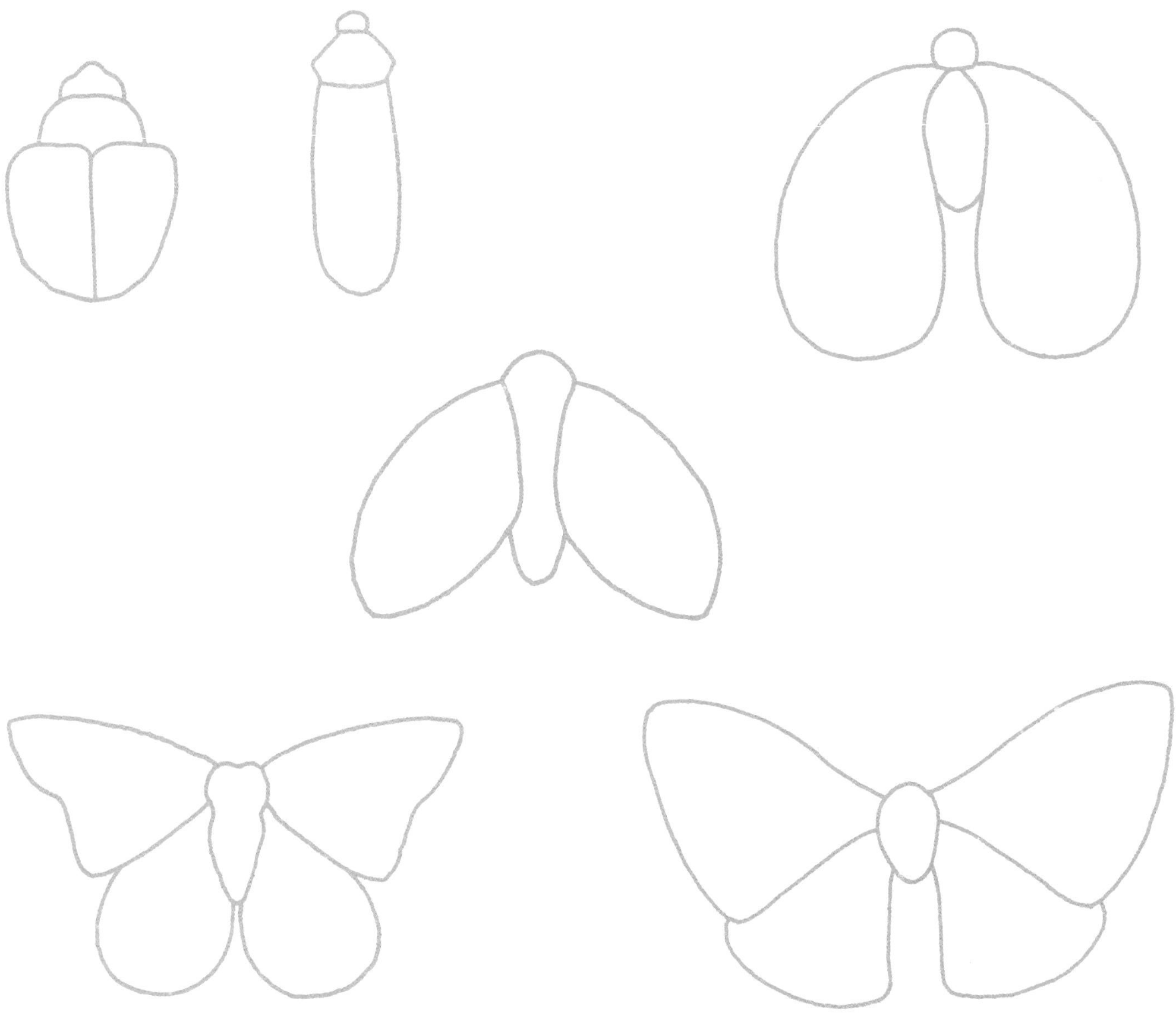

[SEMANA 22]

Dibujar sobre piedras

Mientras paseo por la playa (otra forma de meditar), muchas veces encuentro piedras que son perfectas para pintarlas en casa. Son herramientas ideales para la práctica diaria y ofrecen una buena superficie donde experimentar con rotuladores de tinta negra y blanca. A continuación tiene varios modelos para dos semanas de práctica; elija los que más le gusten, ¡y a disfrutar!

Construir una ciudad

Aunque dibujar un paisaje urbano pueda parecer complicado, se trata solo de reunir en una misma composición una serie de figuras.

Días 1 y 2 Empiece por los edificios situados enfrente, añadiendo las líneas de los tejados y los detalles arquitectónicos que se extienden por fuera del rectángulo de cada edificio. Continúe dibujando de esta forma, de delante hacia atrás.

Días 3 a 5 Cuando haya trazado los contornos de todos los edificios, plasme los detalles: motivos, ventanas y otros elementos arquitectónicos. Con un lápiz blando, haga una cuadrícula para espaciar correctamente las ventanas de cada planta. Para los detalles más pequeños, use un bolígrafo de punta fina.

Días 6 y 7 Coloree. Utilice colores naturales o juegue con combinaciones originales. Al dibujar una escena nocturna, la luz del interior de las ventanas es cálida (amarillo-dorado). De día, el color del interior de las ventanas suele ser frío (gris-azul).

Plantilla de paisaje urbano.

Corazones artísticos

El corazón es el símbolo más habitual del amor y lo utilizan culturas de todo el mundo. Esta semana dibujará corazones utilizando estas plantillas procedentes de varias culturas y tradiciones. Personalícelos añadiendo bordes, motivos y texturas. Use el espacio en blanco para practicar con otros diseños.

[SEMANA 25]

Símbolos culturales

Muchas culturas tienen su propio lenguaje de símbolos, que a menudo se da a conocer en todo el mundo. Dentro de cada cultura, los artistas han creado sus propios modelos. ¡Ahora le toca a usted! Personalice estos símbolos añadiendo bordes, motivos y texturas. Utilice el espacio en blanco para crear sus propios símbolos. ¿Cómo representaría la felicidad, la bondad o la valentía?

Símbolos de paz y amor

Piense en el significado del símbolo a la hora de centrarse en su diseño y trazar los motivos decorativos.

Paz

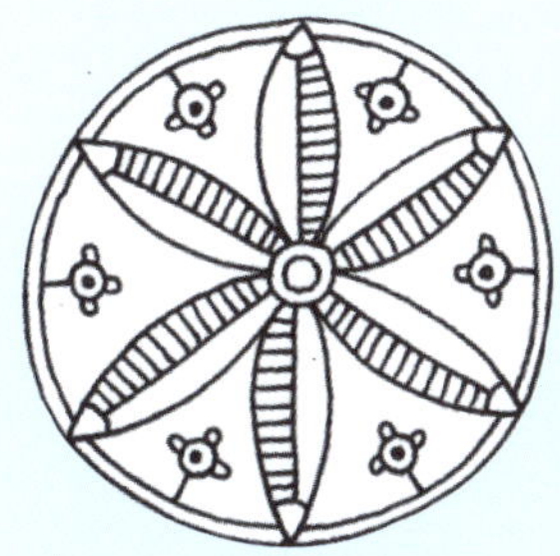

Símbolo del sol

Armonía

Pureza

Fuerza

Amor, honor, protección

Crecimiento

Animales tradicionales

Muchos artistas utilizan el folclore para representar animales. En algunas culturas, los animales tienen un significado espiritual. Use las figuras de animales para crear sus propios animales tradicionales. Divida en diferentes secciones el interior de las figuras y luego añada los detalles y coloree.

Dividir los dibujos en secciones

Siempre resulta útil dividir un espacio grande en secciones más pequeñas antes de añadir los detalles. De esta forma, verá el diseño en su conjunto antes de decidir los elementos decorativos.

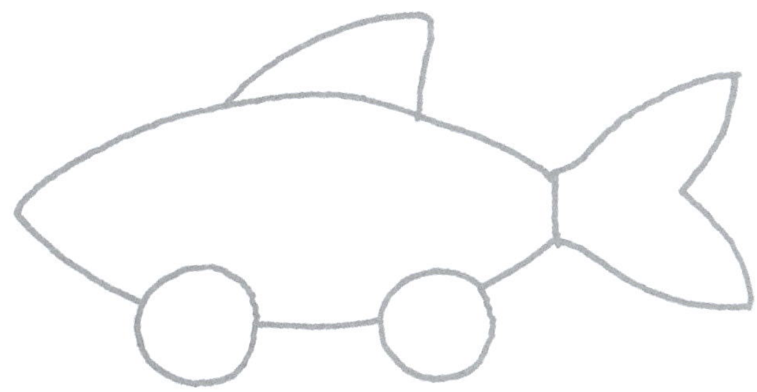

[SEMANA 27]

Dibujos para meditar

Cuando me siento a iniciar mi práctica artística matutina, suelo crear mi propia plantilla con lápices de acuarela en la técnica del aguado, en que se mezclan los colores sin líneas que los separen. Empiece aplicando el lápiz a una superficie seca, y luego diluya los trazos con un pincel húmedo. Limpie el pincel, añada un segundo color, pase varias pinceladas por el lápiz de acuarela y luego pinte la superficie aún húmeda. Esta forma de mezclar colores reduce mi control sobre el proceso. El segundo día vuelvo a trabajar sobre el boceto con lápices y rotuladores. Lo que sale de ellos es un acto espontáneo de creatividad.

Esta semana le ofrezco dos páginas de plantillas artísticas de colores, similares a las que utilizo yo misma. Elija una al día, y dibuje encima y a su alrededor. Tenga a mano todos sus rotuladores y lápices de colores. Deje que las formas y los colores le guíen, ¡y no se olvide de usar también el espacio en blanco!

«Cuando haces las cosas desde el alma, sientes un río que fluye en tu interior; pura alegría». RUMI

La alegría surge del fluir

Tras un tiempo practicando dibujo, se dará cuenta de que la mayoría de sus composiciones consiste en la unión de figuras o la alteración de las relaciones existentes entre estas. He ahí lo que practicará en el siguiente apartado. Aquí encontrará menos plantillas y más instrucciones paso a paso sobre cómo realizar los dibujos, algo que le ayudará a comprender cómo dibujar otras cosas. Cuando haya experimentado la naturalidad con que las figuras se unen formando composiciones, descubrirá la sensación del fluir, que el psicólogo Mihaly Csikszentmihalyi define como «el momento creativo en que la persona está completamente inmersa en una actividad por puro placer». De ahí surge la alegría.

[SEMANA 28]

Diseños sencillos de espirales y cachemiras

Los diseños de espirales y cachemiras se emplean desde hace siglos. Son figuras versátiles y divertidas a la hora de dibujar, porque pueden modificarse de múltiples maneras.

Día 1 Trace las plantillas de las espirales en sentido de las agujas del reloj y en sentido contrario. Luego, conecte dos espirales para formar una doble espiral. Practique también sin las plantillas.

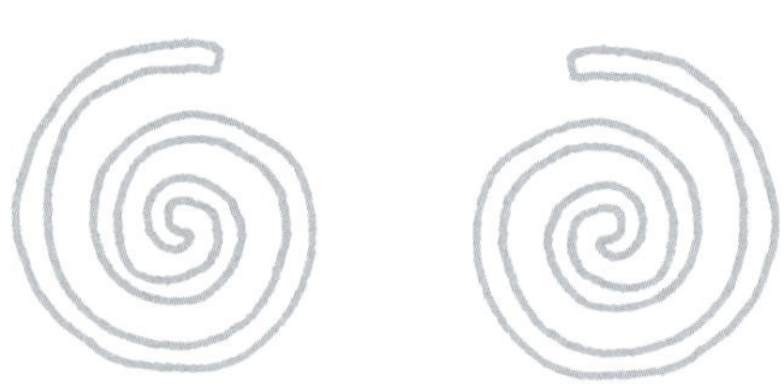

Día 2 Para formar un «gusano» en espiral, trace una espiral regular, avanzando desde el centro y dejando bastante espacio entre cada curva. Luego, gire formando una U y trace la espiral exterior, manteniendo el grosor del gusano y el espacio en blanco. Cree una doble espiral. Practique sin las plantillas. Cree un diseño en el interior del gusano.

Día 3 Cree un diseño de cuatro espirales. Empiece siguiendo la primera plantilla y luego utilice la cuadrícula. Dibuje primero las espirales, empezando por las esquinas centrales interiores, y luego únalas. Pruebe también a crear su propio diseño.

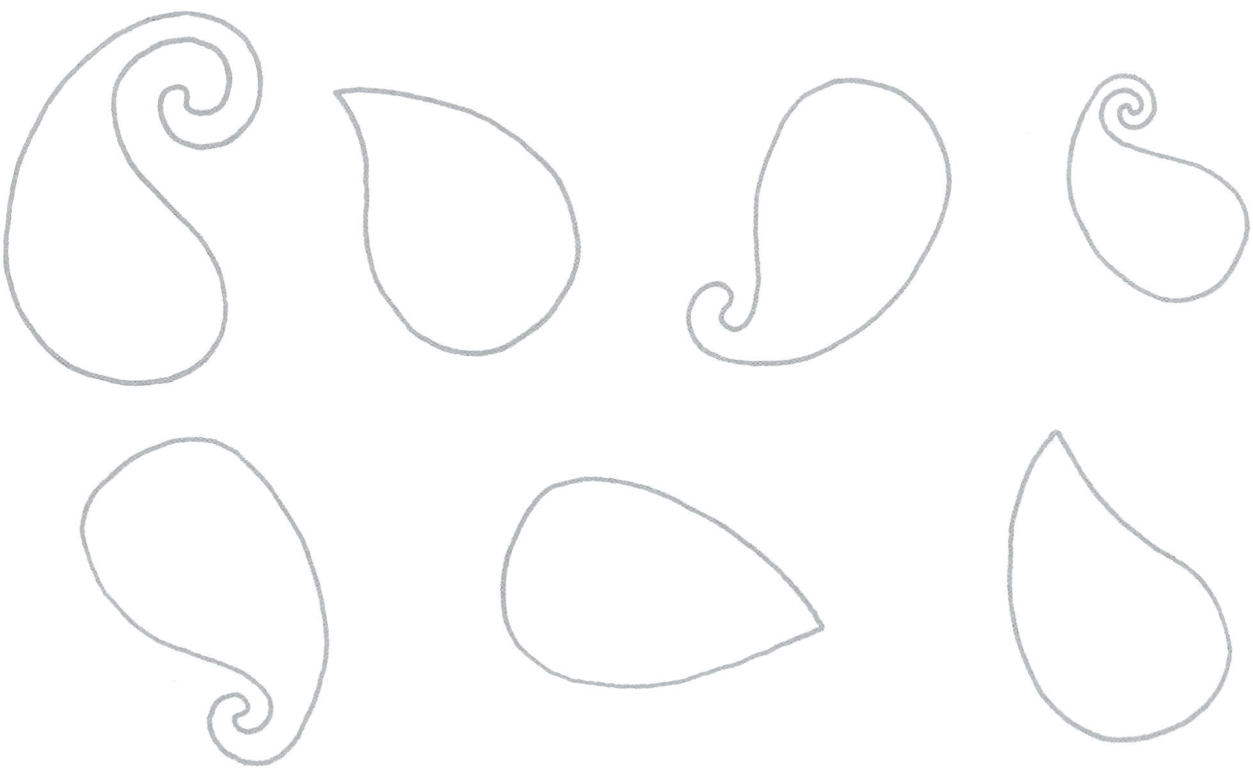

Días 4-7 Dibuje distintos diseños de cachemira usando las plantillas. Añada bordes y motivos en el interior y el exterior. Luego, realice otros modelos sin la ayuda de las plantillas y coloréelos.

Para crear un diseño de cachemira, empiece trazando una forma de lágrima, uniendo un círculo y un triángulo. Agregue un pequeño gancho o espiral en el extremo, y ¡ya lo tiene! Finalmente, cree motivos y bordes en el interior y el exterior de la figura.

Mandalas sencillos

Los mandalas son símbolos cósmicos que representan nuestra relación con el universo. Suelen utilizarse como herramienta de concentración para la meditación o para establecer un espacio sagrado. Para dibujar la plantilla de un mandala, trace varios círculos concéntricos de diferentes grosores, con líneas verticales y horizontales en intersección, y luego vuelva a dividir estos ángulos una vez más. Empiece el dibujo por el centro y vaya avanzando hacia el exterior, usando la plantilla para crear una composición equilibrada. Luego, trace motivos, líneas dobles y otros detalles decorativos en el interior del mandala. Pruebe a crear zonas blancas y negras para crear contraste.

Días 1 a 4 Dibuje mandalas utilizando estas plantillas.
Día 5 Determine el grosor de los círculos para crear los mandalas.

Días 6 y 7 Trace sus propias plantillas y dibuje los mandalas.

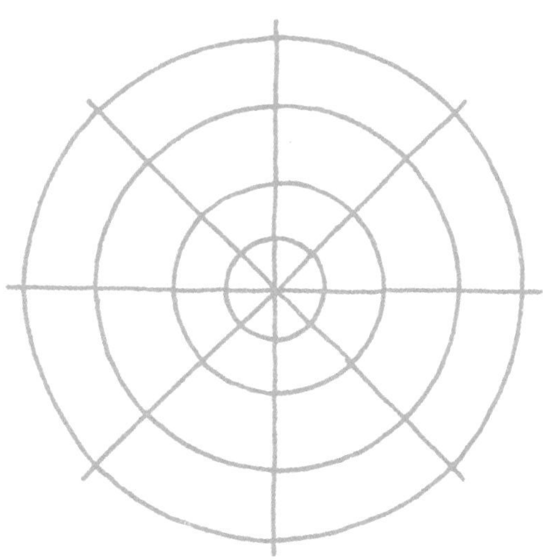

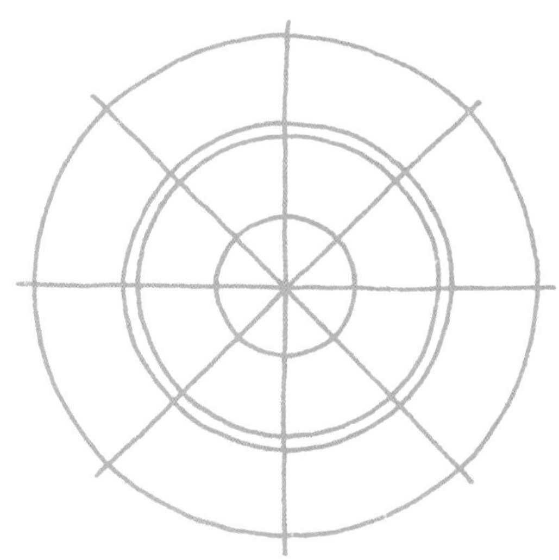

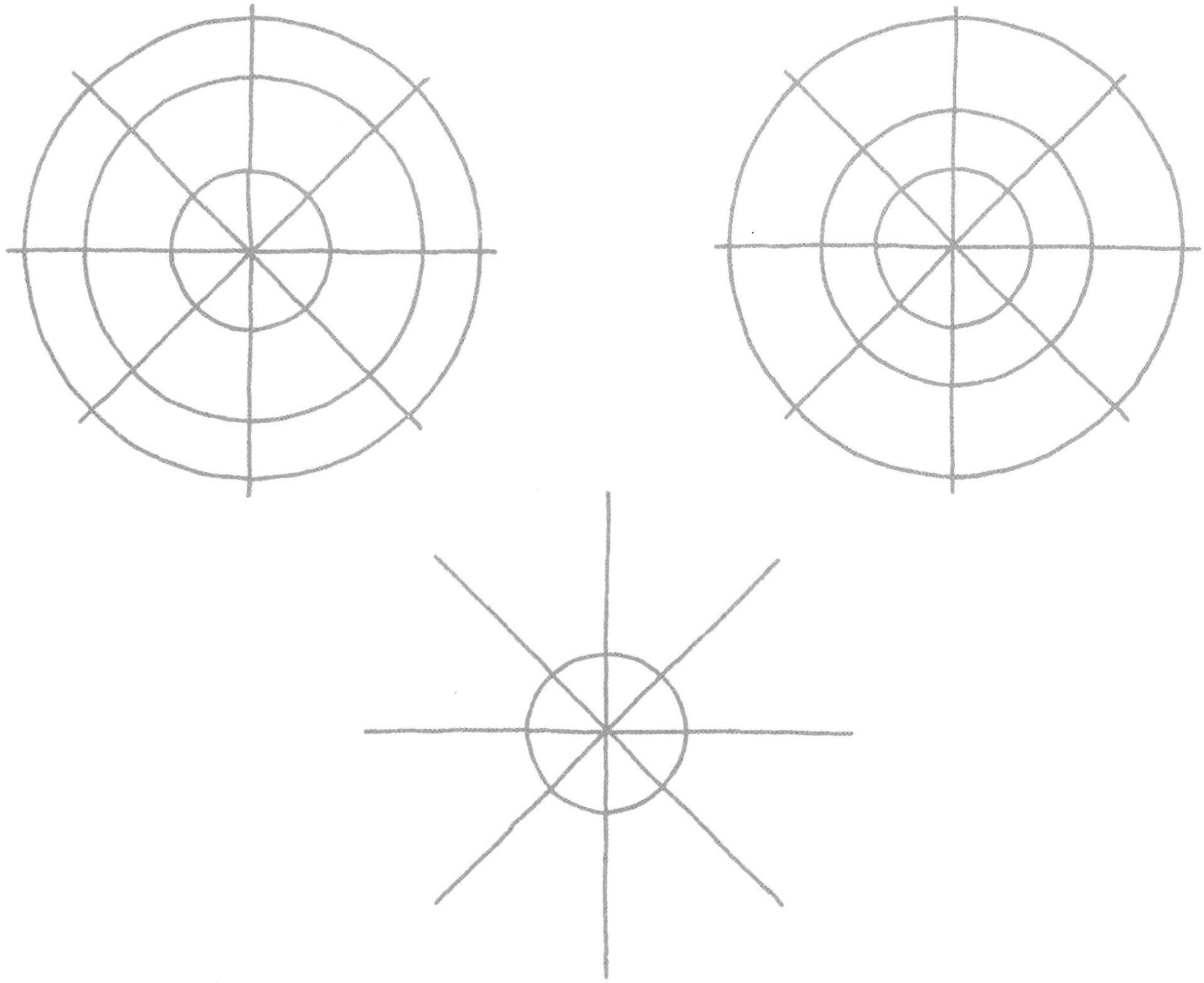

Copos de nieve

El mayor reto de dibujar copos de nieve es trazar una plantilla geométrica; por lo demás, es una figura ideal para disfrutar y dar rienda suelta a la creatividad. Sea imaginativo a la hora de añadir los elementos decorativos.

Dibuje a lápiz un círculo con un punto en el centro. Trace una X en el interior del círculo, y luego una línea horizontal de un lado a otro.

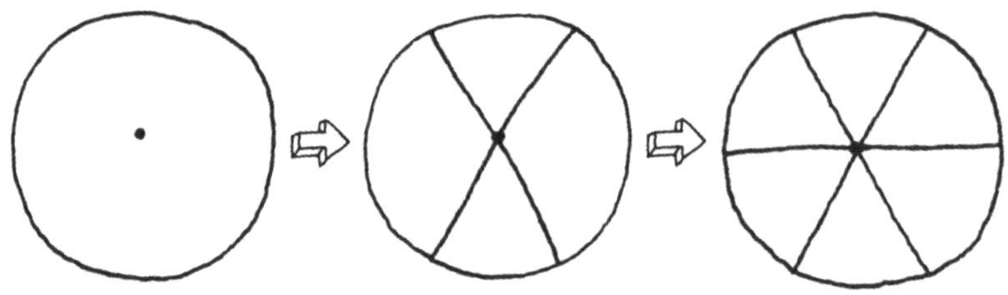

El objetivo es que los ángulos sean uniformes y los radios tengan la misma longitud. Borre el círculo ¡y empiece a dibujar su copo de nieve!

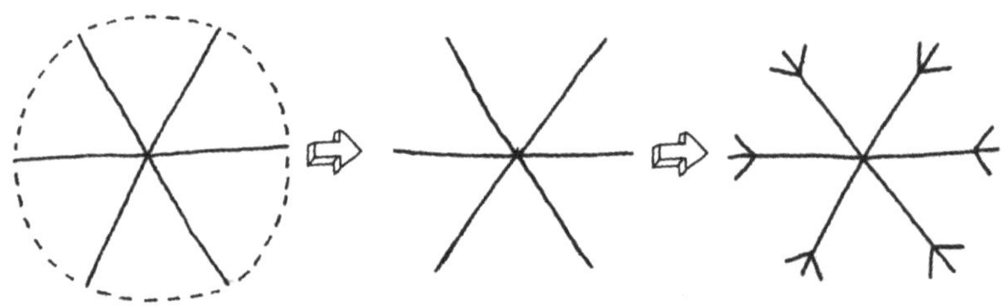

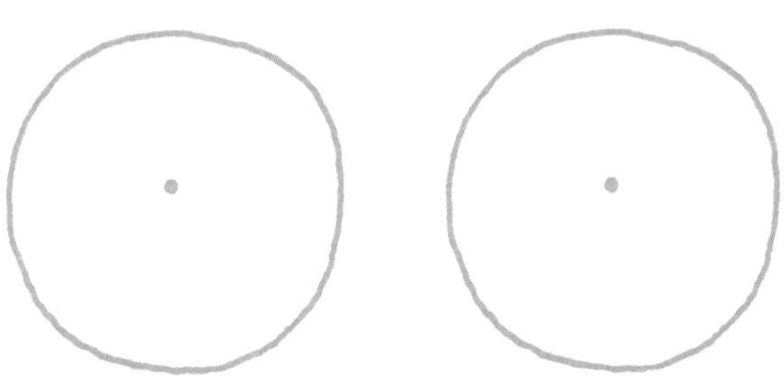

Día 1 Cree los bocetos de los copos de nieve utilizando estas plantillas. Luego, diseñe varios modelos, teniendo en cuenta que debe dibujar los mismos elementos decorativos en todos los radios.

Día 2 Use el espacio superior para crear sus propios bocetos de copos de nieve, y luego dibuje varios modelos, añadiendo diferentes elementos decorativos en los radios. Intente emplear el método que se describe en la página 95.

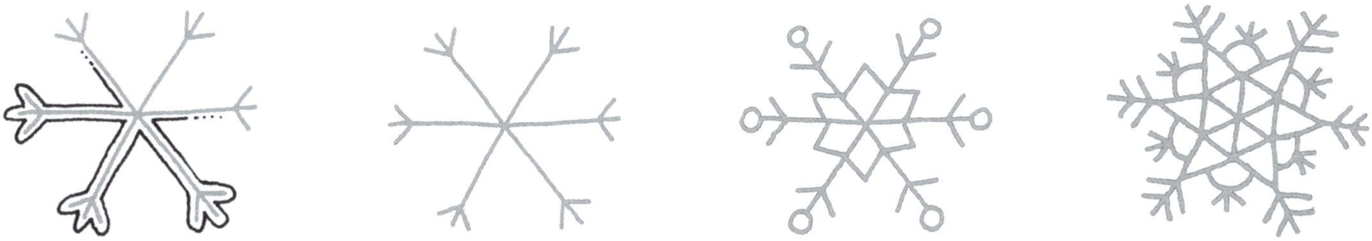

Día 3 Para dar profundidad al copo de nieve, trace el diseño a lápiz y luego realice con cuidado una línea con tinta contorneando las líneas de lápiz. Practique con estos modelos.

Días 4 a 7 Practique diferentes diseños y formas de copos de nieve, procurando que cada uno sea único.

Medir sin regla

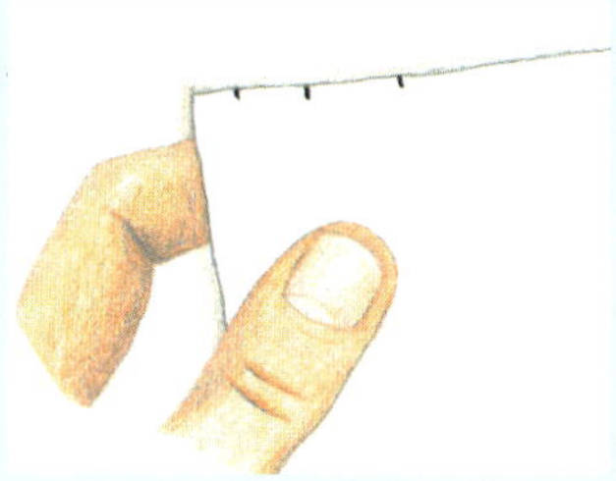

Puede señalar el borde de una hoja de papel para obtener una herramienta de medir que le ayudará a mantener un espaciado regular. Es un método más práctico que la regla. Use la medida de la esquina a una marca o de una marca a la siguiente, para crear motivos, diseños o elementos repetidos en el dibujo.

Caleidoscopios

Un diseño caleidoscópico es una figura radial simétrica, formada por un reflejo de espejo dispuesto en varios ángulos. Dibujar un caleidoscopio puede ser complicado al principio, pero resulta muy satisfactorio cuando se observa el conjunto. Piense en el borde de cada sección como en un espejo, y siga estos pasos para aprender a dibujar uno.

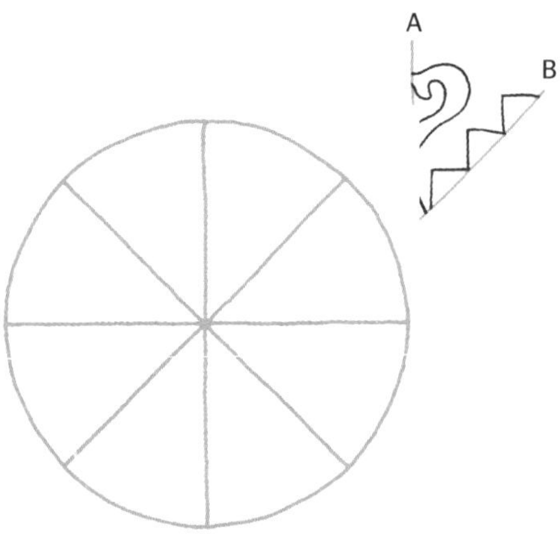

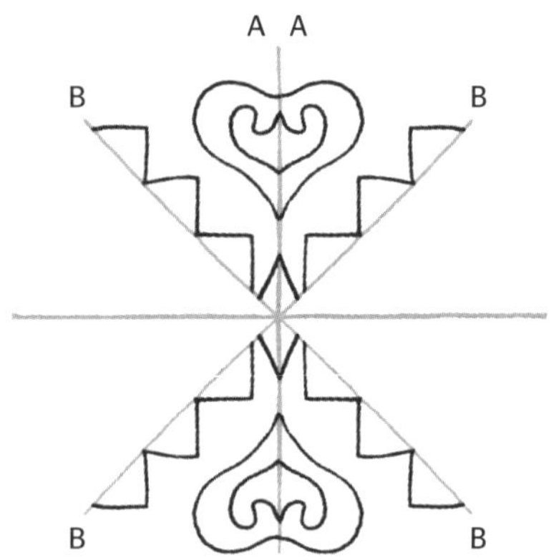

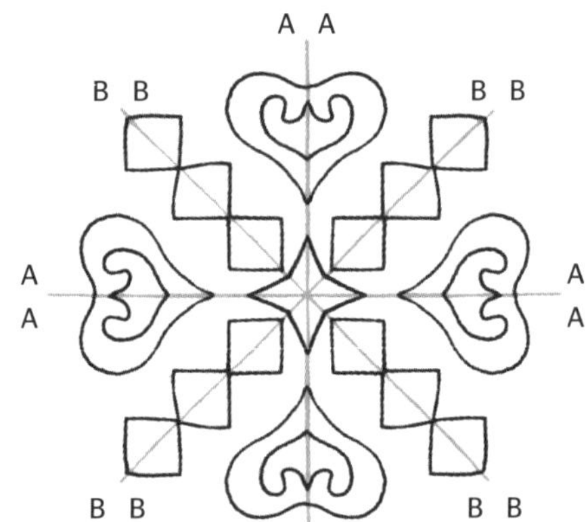

1. Divida un círculo en cuartos, con una línea horizontal y otra vertical, y luego en octavos, dividiendo las primeras secciones por la mitad. Realice un dibujo asimétrico en una de las secciones. Puede borrar el borde exterior del círculo, pero asegúrese de que los radios tengan la misma longitud.

2. Realice el mismo dibujo como el reflejo de un espejo en la sección contigua. Luego, trace el dibujo de estas dos secciones como el reflejo de un espejo en el lado opuesto.

3. Gire la hoja 90º y repita el paso 2.

Día 1 Utilice esta plantilla para dibujar un caleidoscopio como el del ejemplo paso a paso descrito arriba.

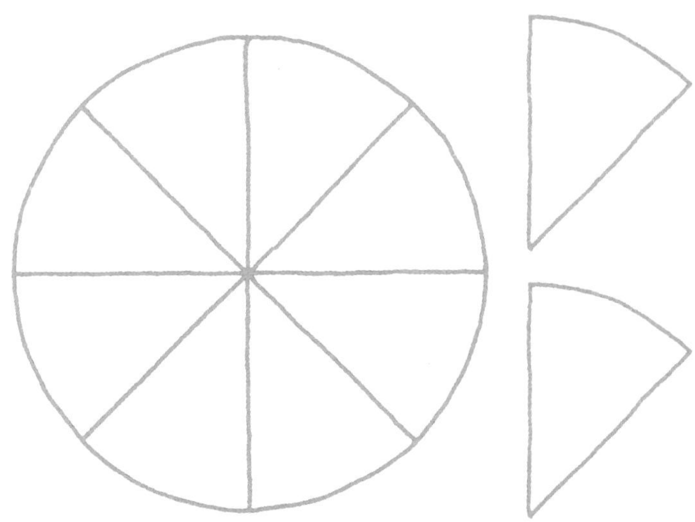

Día 2 Dibuje un diseño sencillo en cada porción individual, y luego elija uno para crear el diseño del caleidoscopio.

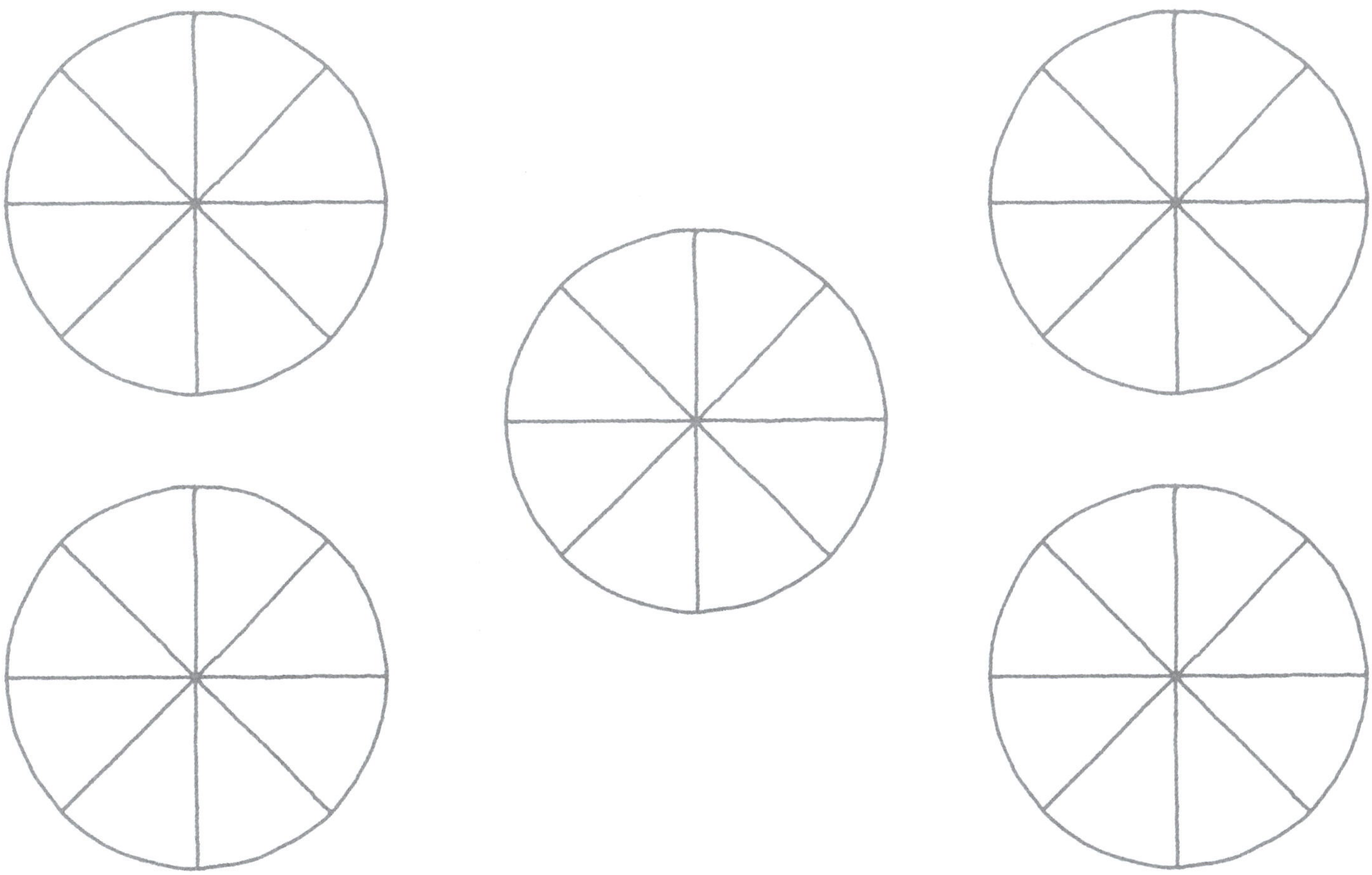

Días 3 a 7 Durante los próximos días, cree un caleidoscopio al día. No se olvide de trazar primero las líneas divisorias y las figuras más grandes para que el diseño sea simétrico. En la parte superior tiene una plantilla para el primer día; los demás días, créelas usted mismo.

Rejillas para crear diseños

Utilizar una rejilla o círculos concéntricos con radios le ayudará a espaciar uniformemente sus diseños. Puede usar la intersección de los puntos para alinear elementos, o los espacios entre líneas, o incluso la mitad del espacio de una línea.

[SEMANA 32]

Aves

Con un triángulo, un círculo y medio círculo se puede dibujar prácticamente cualquier ave. Redondee las intersecciones y los bordes para obtener la figura deseada. Añada el pico, los ojos, las alas y las plumas de la cola, y luego, detalles decorativos divertidos o cómicos. Modifique la posición de la cabeza, la longitud del cuello, el tamaño de la cola o la forma del pico y tendrá un ave distinta. Esta semana dibuje un ave al día en la página de la derecha.

Tazas de café y té

Una buena taza de café es algo especial. Debe tener el tamaño adecuado, un tacto agradable y un diseño atractivo. Además, es el recipiente que contiene mi bebida matutina preferida. La forma consiste en un cilindro básico, pero tanto la taza como el asa pueden variar bastante. Pueden inclinarse hacia dentro, hacia fuera, o en ambos sentidos, y el asa puede ser angular o curvo en distintos grados. Pueden tener pie o no tenerlo. En esta página encontrará varias plantillas, y la página de la derecha está en blanco para que usted cree sus propios modelos. ¡Diviértase también coloreándolos!

[SEMANA 34]

Peces

Un pez es un pez; no obstante, los hay de muchos tipos, formas y tamaños distintos. Solo con modificar la forma y el tamaño, ¡se dará cuenta del mar de posibilidades! En la parte inferior encontrará ejemplos para combinar figuras y crear diferentes tipos de peces. Utilícelos o diseñe sus propios modelos para crear una pecera en la página de la derecha. ¡No se olvide de decorarlos y colorearlos!

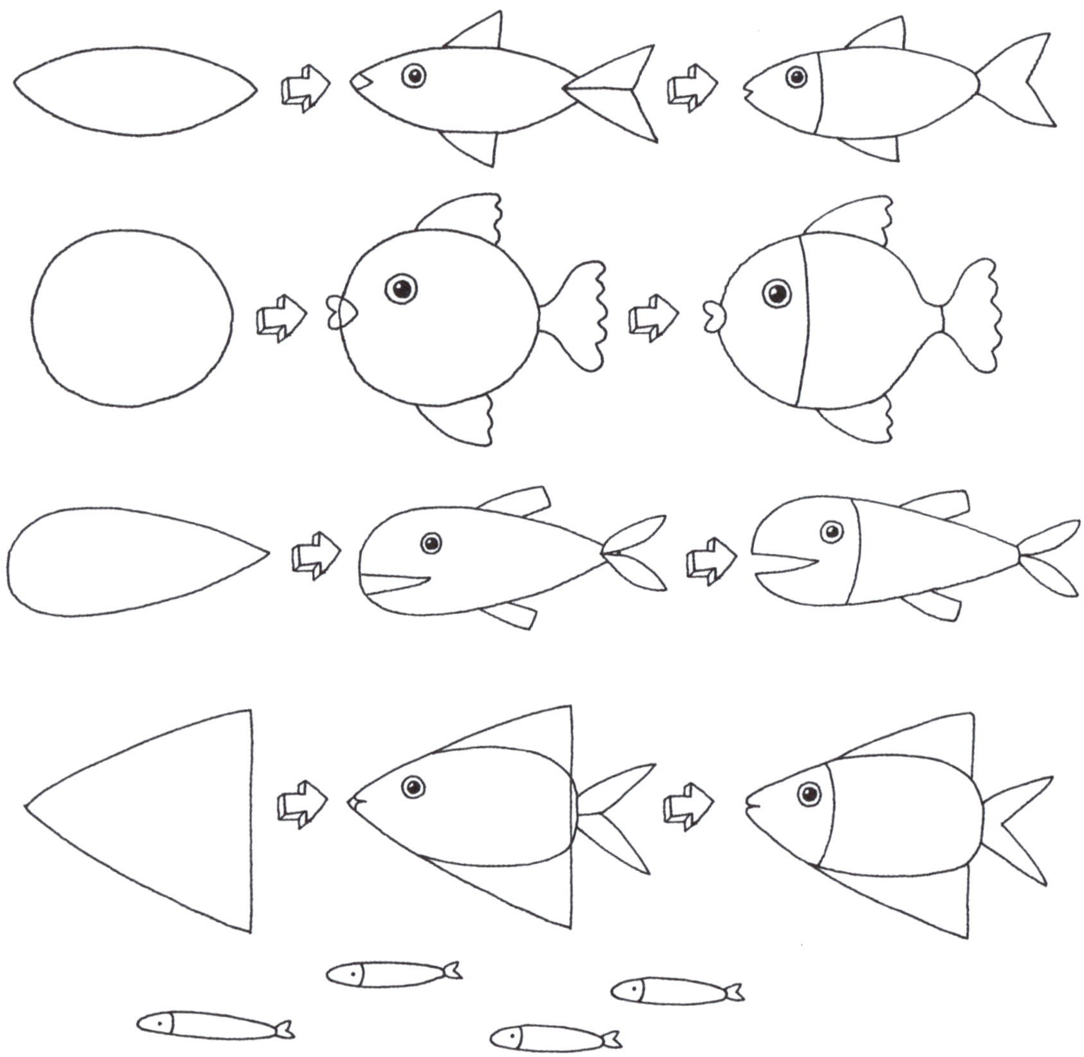

1 Dibuje la figura de la izquierda a lápiz. Si quiere, puede hacerla más gruesa o alargada.
2 Añada las aletas, la cola, los ojos y la boca.
3 Redondee los bordes para que las figuras fluyan.
4 Repase el dibujo con tinta y luego borre el trazo a lápiz.
5 Coloree.

Toque personal

Esta semana realizaremos diseños para personalizar objetos. Dibuje y garabatee a su antojo. Considere primero qué espacios quiere rellenar y cuáles prefiere dejar en blanco. Trace un boceto a lápiz con las líneas divisorias principales y luego prosiga con los detalles y coloree. Hay un objeto para cada día, y un par de botones para darse una alegría extra.

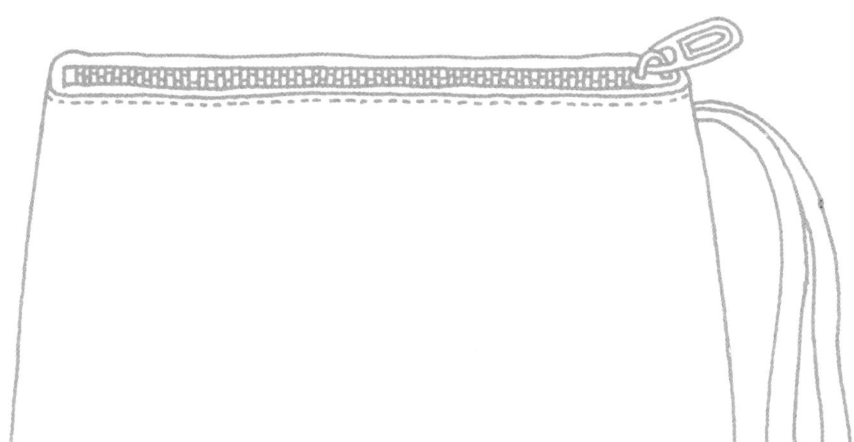

[SEMANA 36]

Búhos

Como ya hemos visto en los dibujos anteriores, la composición de un búho también se basa en varios pasos sencillos, empezando por la combinación de figuras básicas. Una vez situadas, estas pueden modificarse para crear diferentes tipos de búhos. Siga los pasos descritos en la parte inferior para crear su primer búho el día 1 de esta semana, y luego continúe dibujando otros modelos, modificando las características que desee: los ojos, las plumas, la posición de las alas o la forma de las garras.

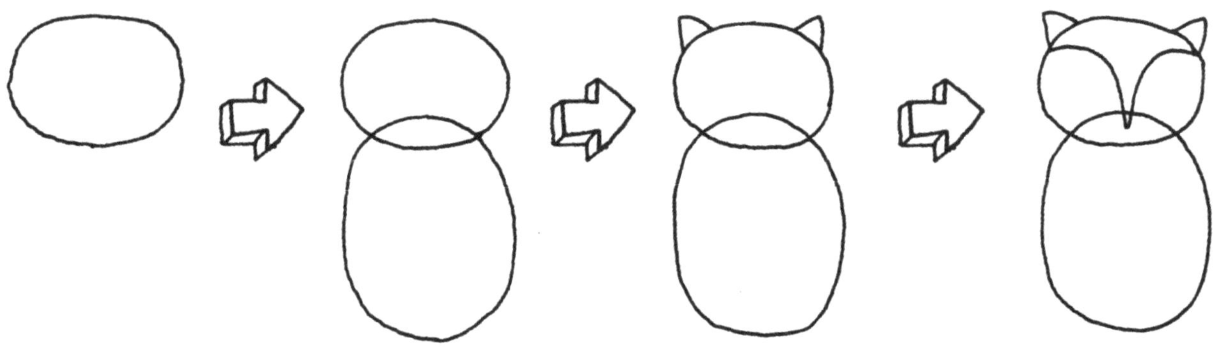

1. Dibuje un óvalo horizontal en la parte superior del papel.
2. Dibuje un óvalo vertical que solape ligeramente el primer óvalo.

3. Dibuje dos triángulos en la parte superior del óvalo que ha hecho arriba.
4. Dibuje una V redondeada a partir de una esquina del triángulo hacia la otra; la punta inferior debe extenderse hasta el espacio que se solapa.

5. Dibuje dos círculos de gran tamaño debajo de las partes redondeadas de la V.
6. Dibuje una línea horizontal que marque el pico y los contornos interiores de los ojos.
7. Dibuje dos círculos interiores adicionales y rellénelos con negro. Deje una marca simétrica blanca para los puntos de luz de los ojos.

8. Dibuje dos siluetas de plátano a ambos lados del óvalo inferior. Dibuje las patas en la base del búho. Aplique tinta a su dibujo terminado y deje que se seque. Borre las líneas de lápiz y añada texturas, motivos y colores a las diferentes partes del búho.

Objetos complejos, figuras básicas

A medida que sus dibujos adquieren complejidad, seguirá siendo útil descomponer los objetos en una serie de figuras. A continuación encontrará ejemplos que muestran cómo uniendo una serie de figuras es más fácil dibujar lo que de otro modo serían formas complejas. Siga y dibuje uno de estos ejemplos cada día, y utilice esta técnica para descomponer otros objetos en figuras.

Día 1 Dibuje una lámpara con volumen combinando figuras ovaladas y rectángulos.

Día 2 Dibuje macetas combinando figuras ovaladas y rectángulos. Luego, utilice figuras ovaladas para realizar las plantas.

Día 3 Dibuje la tetera combinando las figuras que se muestran arriba. Redondee los bordes y modifique las líneas para crear el pico y el asa.

Día 4 Dibuje un Escarabajo VW usando las figuras que se muestran. Fíjese en la relación entre las ruedas y la carrocería.

Día 5 Dibuje una bicicleta a partir de las figuras que se muestran arriba. Preste especial atención a las uniones de las figuras.

Días 6 y 7 Utilice las figuras que se muestran arriba para componer el cuerpo de un elefante. Dibuje la oreja en el óvalo del medio, y añada la trompa, las patas y la cola. Finalmente agregue los detalles de los colmillos, los ojos y las uñas de las patas.

[SEMANA 38]

Caras

Aprender a dibujar cabezas y rostros requiere tiempo y práctica. A continuación presentamos los pasos básicos para dibujar un rostro frontal. Espero que le sean de ayuda. Una de las características más sorprendentes es que la línea de los ojos se sitúa en mitad de la cabeza. Las posibilidades son infinitas, pues puede modificar la forma del cráneo, los ojos, la nariz y la boca y expresar distintas emociones. Utilice las plantillas de la página siguiente para dibujar una cabeza cada día de esta semana. La semana que viene dibujaremos cabellos y sombreros.

FORMAS DE LA CABEZA

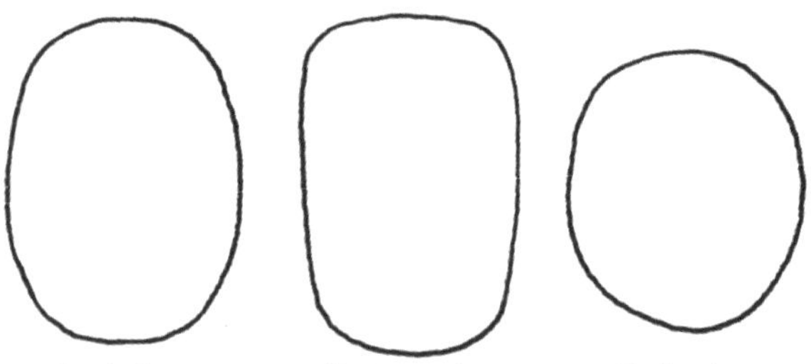

Ovalada Rectangular Redonda

Cuadrada Corazón Triangular

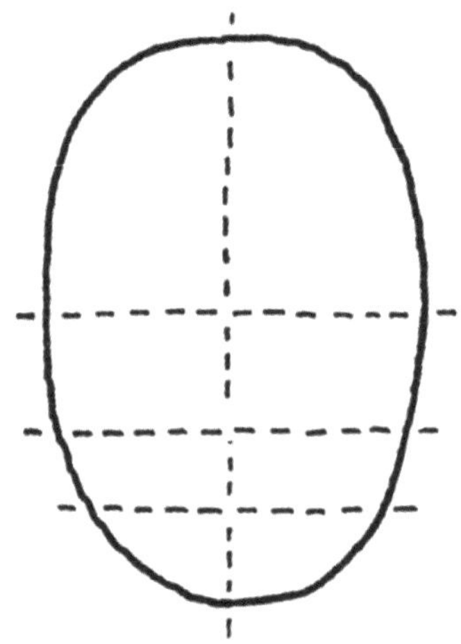

DIRECTRICES PARA LA CABEZA

Divida la cabeza por la mitad en sentido horizontal. Divida de nuevo por la mitad la parte inferior, y luego una vez más. Trace una línea vertical en el centro.

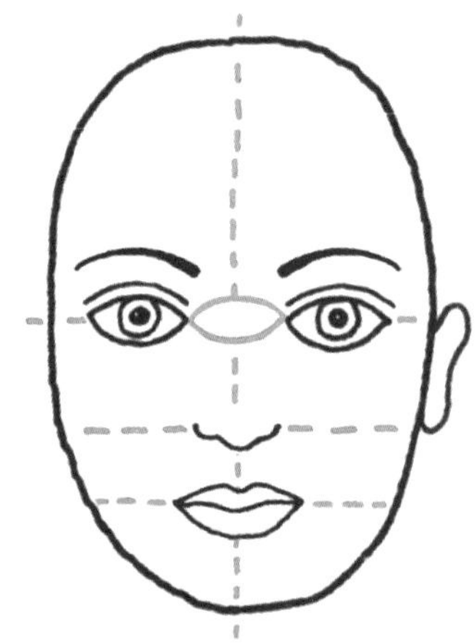

LOS RASGOS

Sitúe los ojos en la línea superior, dejando en medio un espacio igual a la anchura de un ojo. Sitúe la nariz en la línea siguiente, y la boca en la inferior. Las orejas están entre el centro del ojo y la parte inferior de la nariz.

RASGOS FACIALES

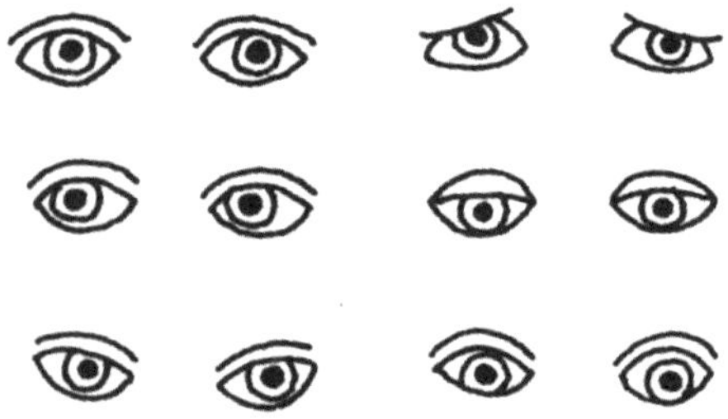

Ojos

Narices

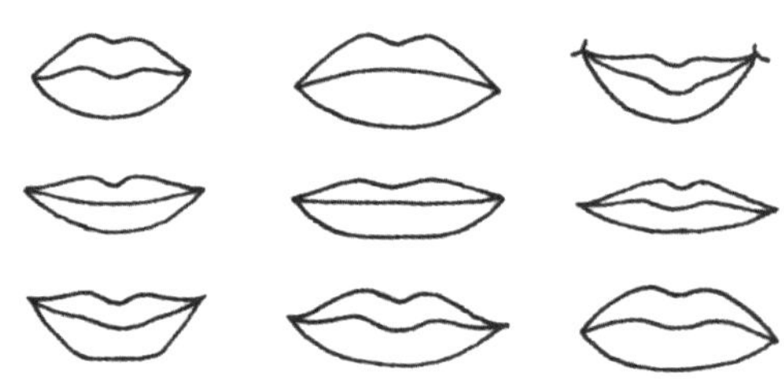

Bocas

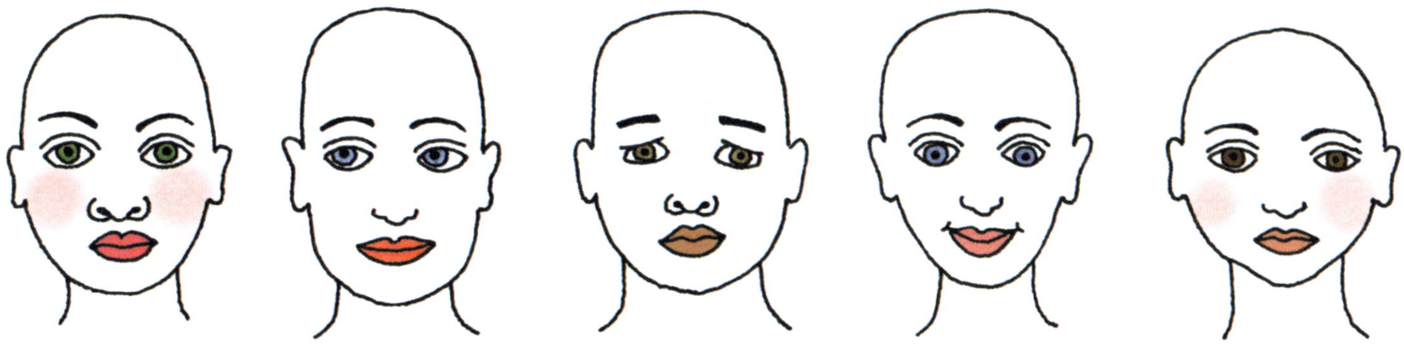

Brillo en los ojos

Si añadimos un toque de luz en los ojos, damos mucha vida a un rostro. Como paso final, trace con un rotulador de tinta blanca un puntito en la parte superior derecha o izquierda del iris, dependiendo de dónde provenga la luz.

[SEMANA 39]

Cabellos y sombreros

Ahora que ya ha practicado a dibujar cabezas y rostros (*véanse* págs. 110-111), les añadiremos cabello y sombrero. El cabello es un rasgo irregular. Crece hacia el exterior desde el cuero cabelludo formando mechones, y las puntas pocas veces crean una línea recta, ni en la parte inferior ni sobre la frente. Esta semana, utilice el espacio en blanco para dibujar una cabeza con cabello y sombrero al día.

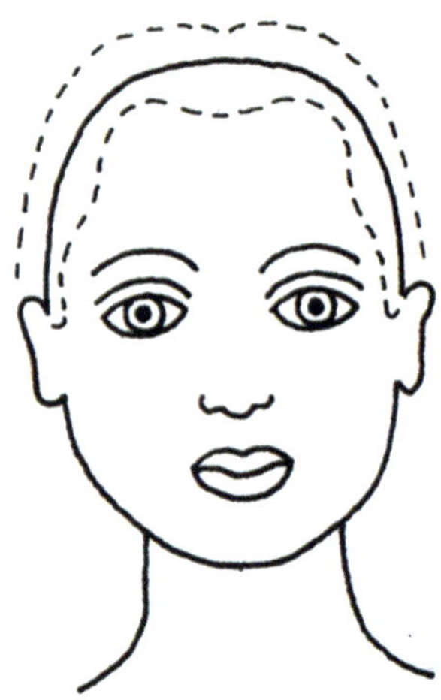

1 En primer lugar, dibuje el pelo que enmarca la cara, descendiendo desde el cuero cabelludo (*véase* línea discontinua).

2 Dibuje el resto del pelo por partes, desde la parte frontal hacia la posterior, y luego trace los detalles. Añada pequeños mechones sueltos, más cortos o rizos para darle vida y un aspecto irregular.

3 Los mechones ondulados caen en distintas direcciones, y los rizados, en todos los sentidos.

4 Cuanto más cuerpo tiene el cabello, más lejos se sitúa del cráneo.

5 Los sombreros se diseñan para cubrir el cráneo, no el pelo. La copa del sombrero debe situarse entre 2,5 y 3,8 cm por encima de las cejas. Al dibujar un sombrero sobre una cabeza, la línea donde la copa entra en contacto con el rostro debe estar curvada en la dirección hacia donde se inclina el sombrero.

[SEMANA 40]

Trazo libre

Para crear trazos libres, podemos empezar dibujando una línea ondulada que establezca el espacio dentro y alrededor del cual dibujaremos. He creado personalmente estos trazos para usted. Esta semana, dedique cierto tiempo al día a dibujar motivos decorativos en ellos. ¡Disfrute!

«El arte quita del alma el polvo de la vida cotidiana». PICASSO

Puro placer

Deseo que a estas alturas ya sienta el placer de sentarse cada día a practicar el arte del dibujo. ¿A que es maravilloso? Para mí, lo es. A medida que desarrolla sus habilidades y la práctica fluye, añadimos complejidad a las consignas de dibujo. En este último apartado, trabajará en sus dibujos el tiempo que desee, desde un solo día, hasta la semana entera. Usted decide cómo combinar las formas, trazar los bocetos y usar su imaginación para añadir toques creativos, como motivos decorativos, bordes u otros detalles. Lo más difícil será delimitar el tiempo diario dedicado a la práctica. ¡Tanto placer puede ser adictivo!

[SEMANA 41]

Siete deseos

Los banderines de oración son anteriores a la llegada del budismo en el Tíbet. En estos banderines rectangulares se plasman símbolos, plegarias e intenciones; y cuando el viento los agita, sus mensajes de paz, compasión y fortaleza se propagan por todo el mundo. Las personas a quienes llegan estos mensajes transportados por el viento se sienten un poco más felices. Tradicionalmente, se colocan en fila cinco banderines de oración de distinto color, que representan los cinco elementos: el rojo, el fuego; el amarillo, la tierra; el verde, el agua; el azul, el cielo o el universo; y el blanco, el aire o el viento. Vivimos en una época de conflictos, ¿qué mensajes difundiría usted por el mundo?

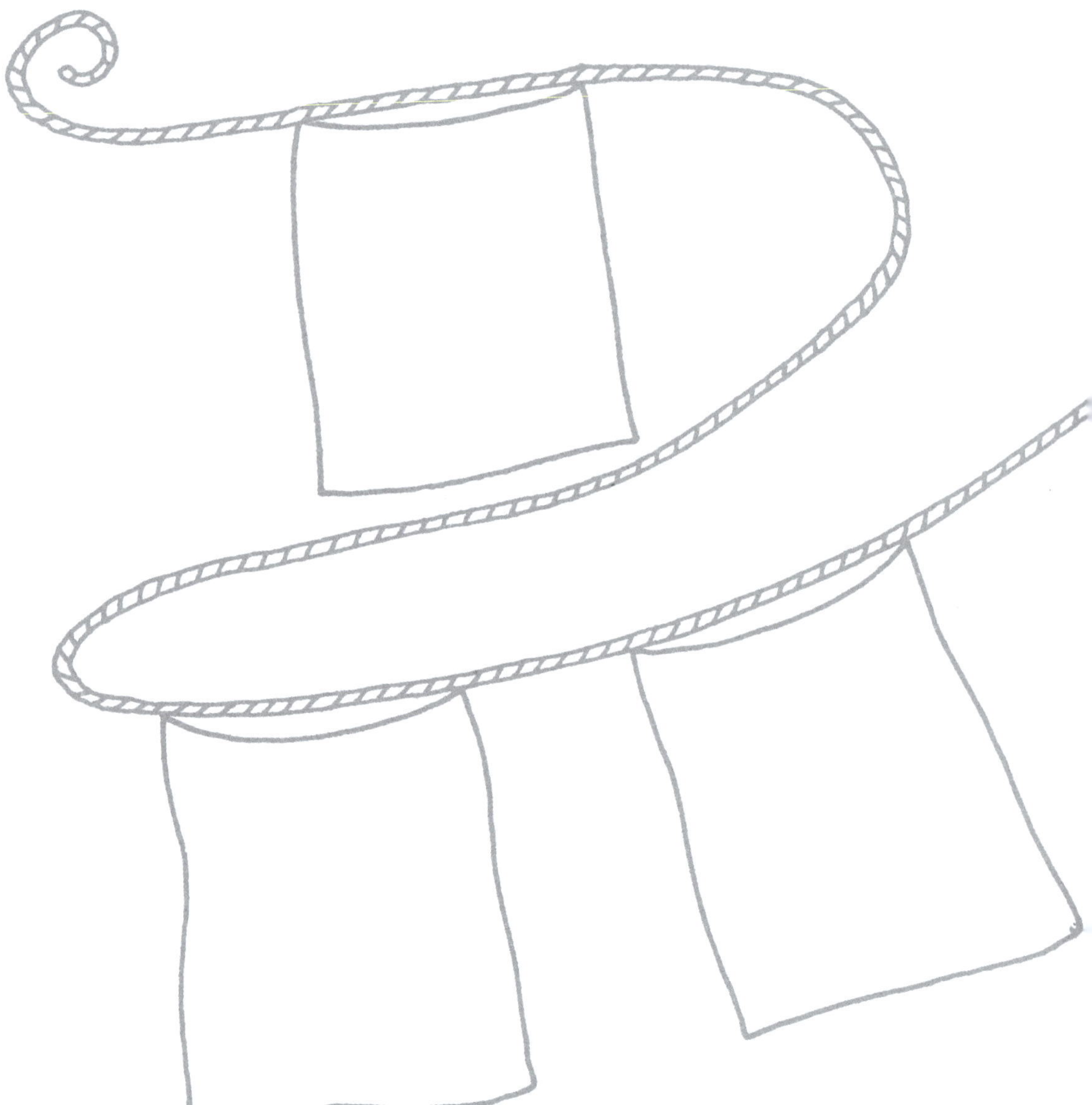

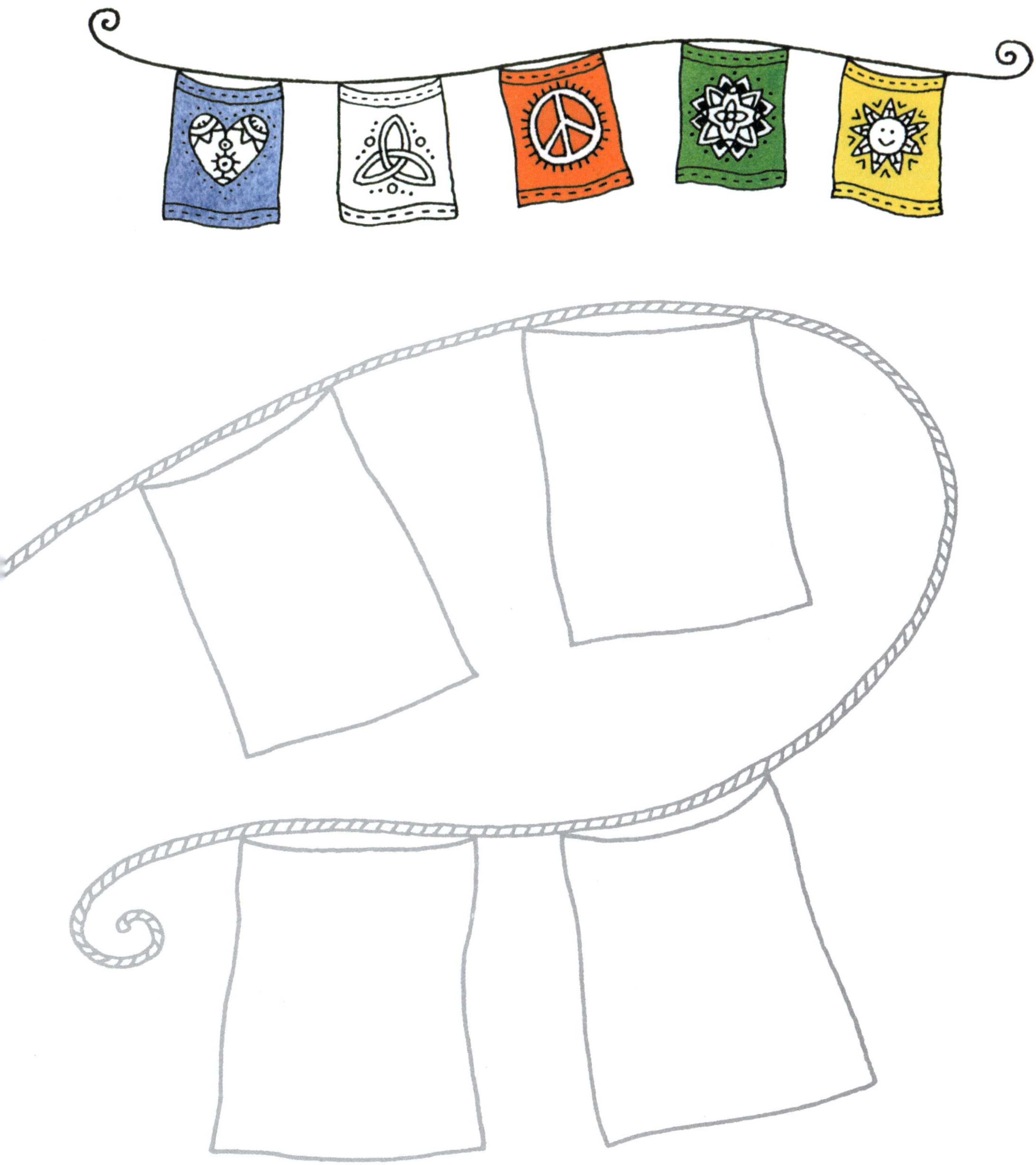

Flores en macetas y jarrones

Hemos dibujado ladrillos, piedras, madera y marcos. Ha practicado con flores y hojas, decorado tazas de té y creado sus propios diseños y elementos de arte folclórico. Aquí le presentamos un gran número de macetas y jarrones para su práctica semanal. ¡Ya sabe qué hacer! Diviértase.

Todos los días sale el sol

Me encanta dibujar soles porque son una imagen alegre y universal. Dibujar un sol es como dibujar un mandala. Dentro del círculo central puede trazarse una cara u otros elementos, y los rayos que desprende pueden representarse en un sinfín de formas. En un sol, los rasgos faciales se sitúan un poco más arriba que en un rostro humano (*véase* pág. 110). Esta semana, utilice el espacio en blanco de la página siguiente para dibujar distintos soles. Los ejemplos de esta página son para que se inspire; atrévase a crear sus propios modelos.

Flores originales

Pueden dibujarse flores muy distintas. Empiece por una flor básica; luego, superponga los pétalos y cree variaciones orgánicas. En la parte inferior encontrará ideas para flores complejas. Dibuje una cada día de esta semana en la página de la derecha. ¡Pruebe a combinar varios tipos de flores en un mismo modelo!

Añada las hojas y luego cree texturas distintas para diferenciar cada zona.

Combine flores diferentes en un mismo modelo.

Decore el borde externo de una flor radial.

Trace motivos radiales en el centro y añada puntos de polen.

Use formas orgánicas.

Cree formas orgánicas. Dibuje flores que nacen de otras flores.

Añada estambres y motivos decorativos curiosos.

Cree un diseño mayor con distintos tipos de pétalos, hojas y otros detalles.

Forme espirales y contrastes intensos.

Globos aerostáticos

Dibujar globos aerostáticos también es muy divertido. Su construcción es sencilla —básicamente es un círculo unido a un trapecio, y la cesta es un cuadrado con variaciones—. Una vez trazada la figura básica, decorarla resulta muy entretenido. Muchos tienen colores vivos, y los motivos decorativos deben ser curvados para enfatizar la forma del globo. Decida si la visión es frontal, superior o inferior. En esta página tiene una plantilla, y en la derecha, espacio para crear otros modelos.

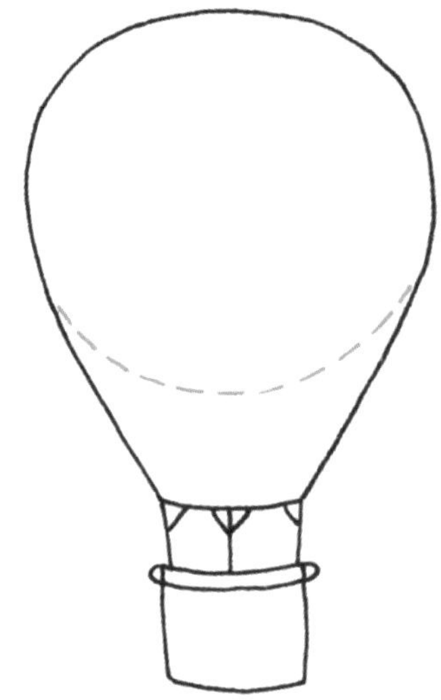

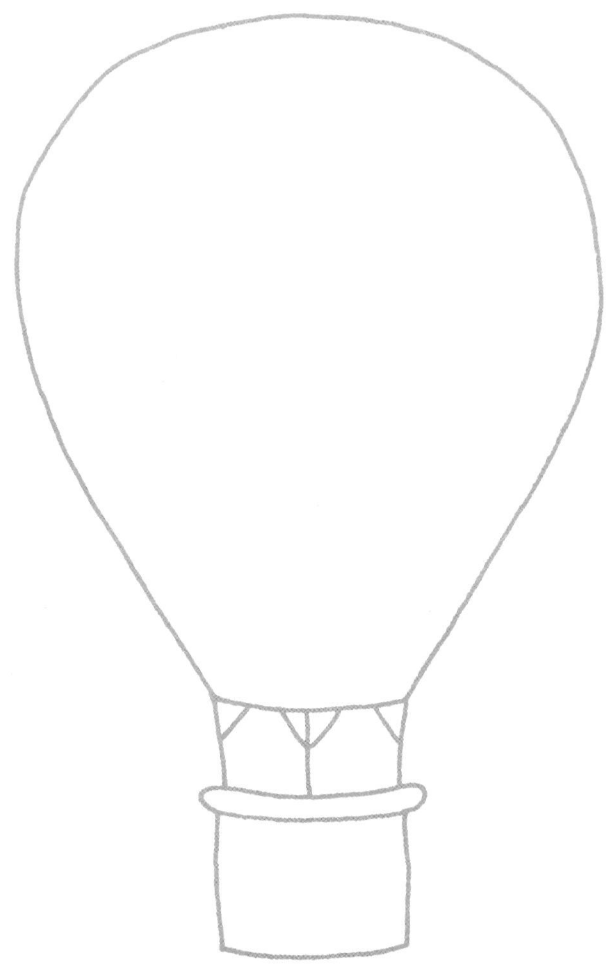

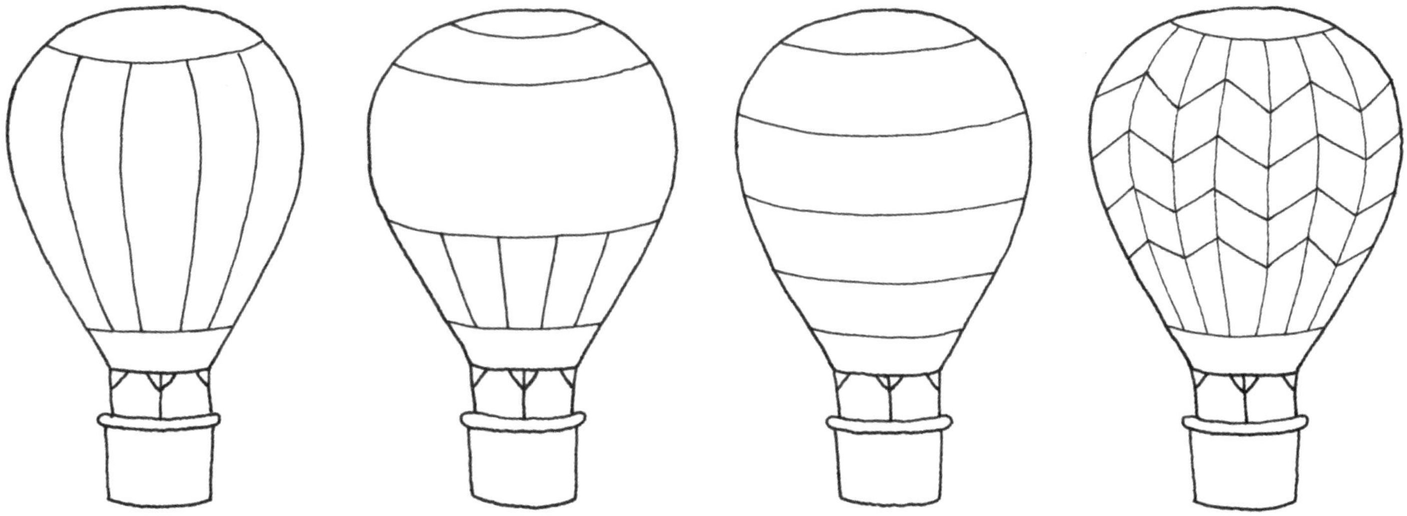

Mandalas complejos

Los mandalas son uno de mis dibujos favoritos. El tiempo parece detenerse mientras me pierdo en las formas y los motivos decorativos a medida que el diseño toma forma. A medida que desarrolla sus habilidades y sus dibujos adquieren complejidad, las directrices le ayudarán a mantener el equilibro de las composiciones. No obstante, utilícelas solo como guía, no para determinar la situación de elementos como líneas, figuras, el valor cromático o los motivos decorativos. ¡Disfrute!

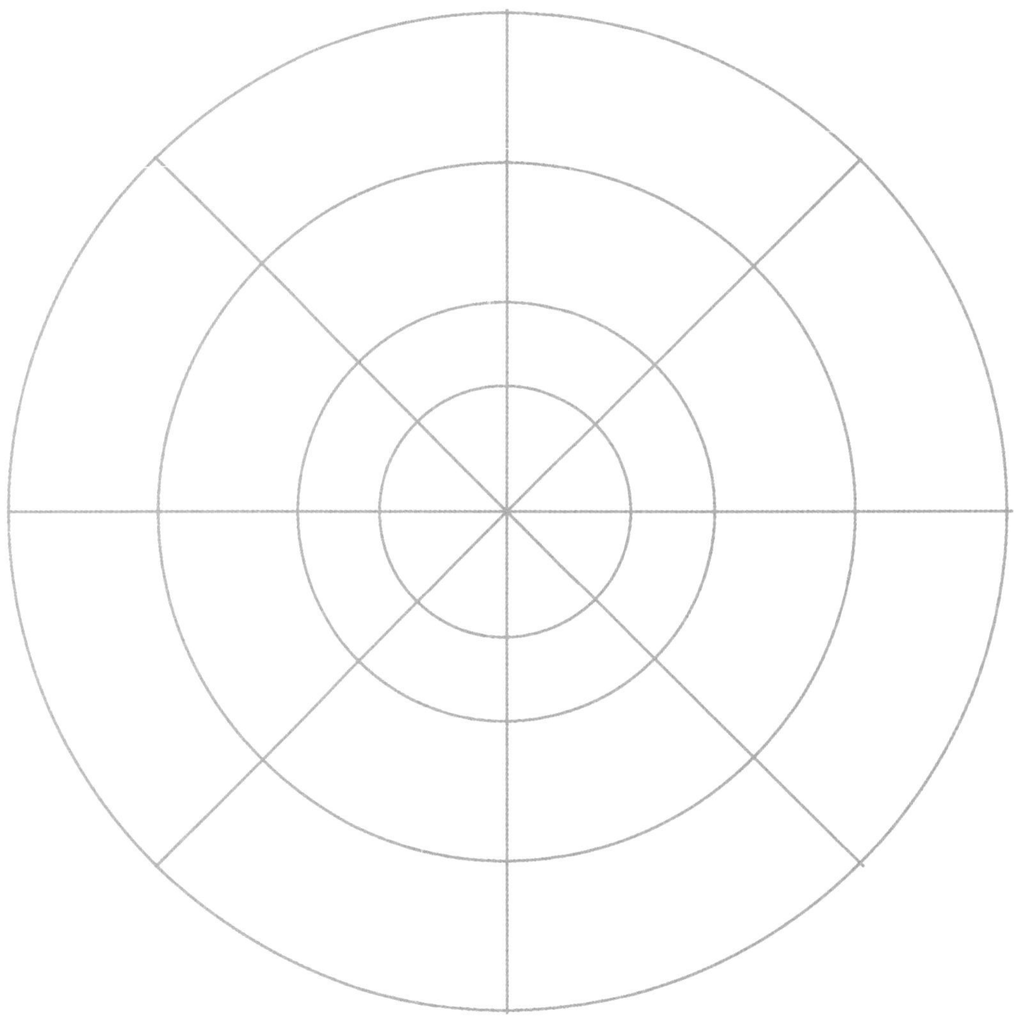

Días 1 a 3 Utilice la plantilla para empezar el dibujo a partir del círculo menor hacia fuera, ayudándose de los círculos y los radios para mantener el equilibrio entre elementos. Vaya girando la hoja a medida que añade líneas y figuras. Cree motivos decorativos y bordes en el círculo exterior y aplique diferentes valores cromáticos para mayor interés visual.

Días 4 a 7 Trace círculos y radios de guía para dibujar dos mandalas más, jugando con distintas figuras y texturas durante el resto de la semana.

Flores de loto

En la tradición budista, la flor de loto es un símbolo de pureza, renacimiento y divinidad. Es muy popular en el mundo del yoga, y una imagen perfecta para dibujar.

Días 1 a 3 Utilice la plantilla para crear una flor de loto y ornaméntela a su gusto.

Días 4 a 7 Dibuje una flor de loto siguiendo la secuencia de la página de la derecha, adaptándola a su gusto personal. Diviértase creando diferentes tipos de pétalos para mayor interés visual.

Tatuajes Mehndi

Esta semana utilizaremos nuestras habilidades artísticas para crear un tatuaje Mehndi (o dos).

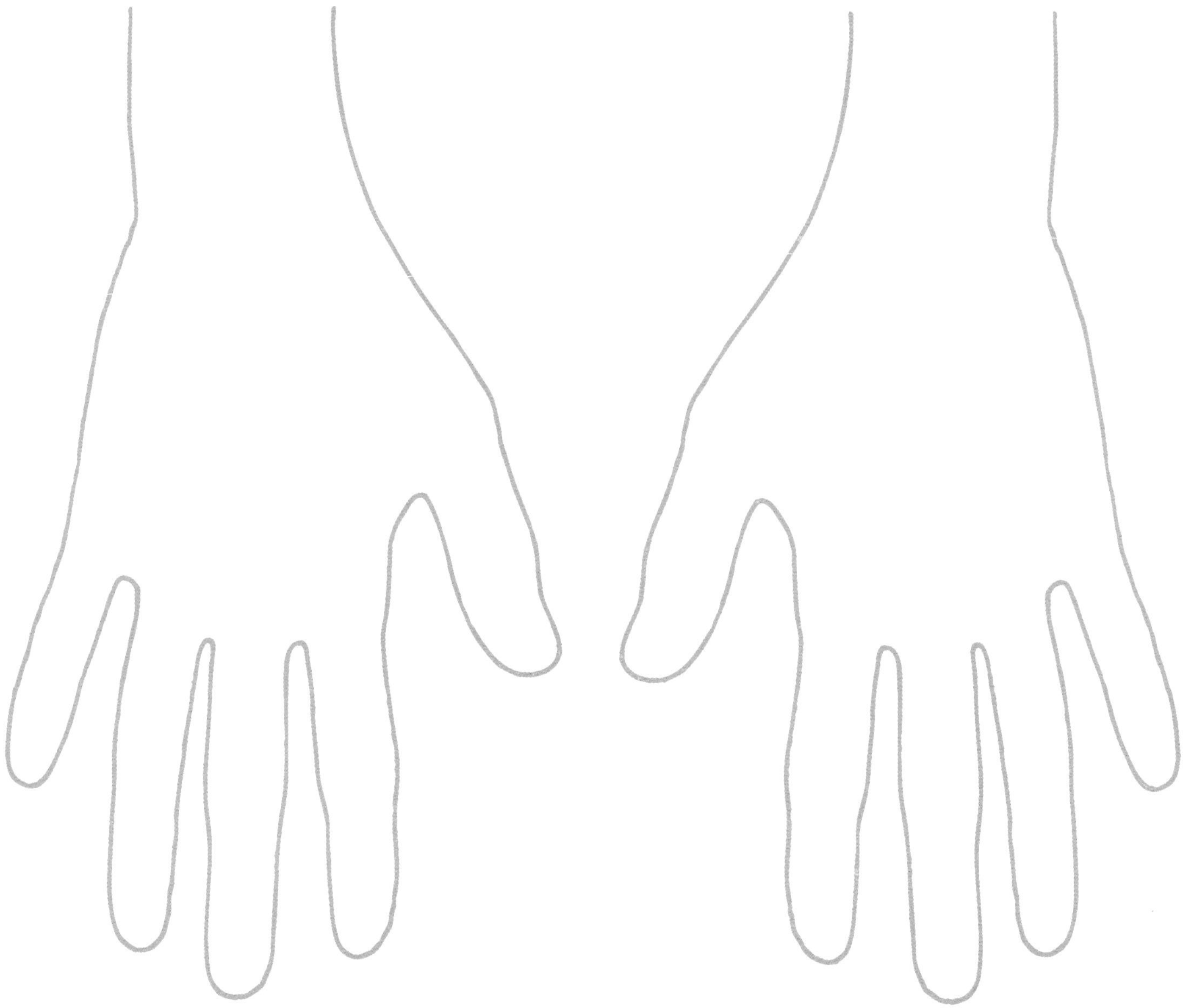

Día 1 Trace con un lápiz, y sin apretar, las directrices de su diseño en las plantillas y divídalas en distintas figuras.
Días 2 a 4 Empiece por las zonas mayores y prosiga con los detalles más pequeños.
Días 5 a 7 Confíe en su intuición y complete su diseño con pequeños detalles y motivos decorativos.

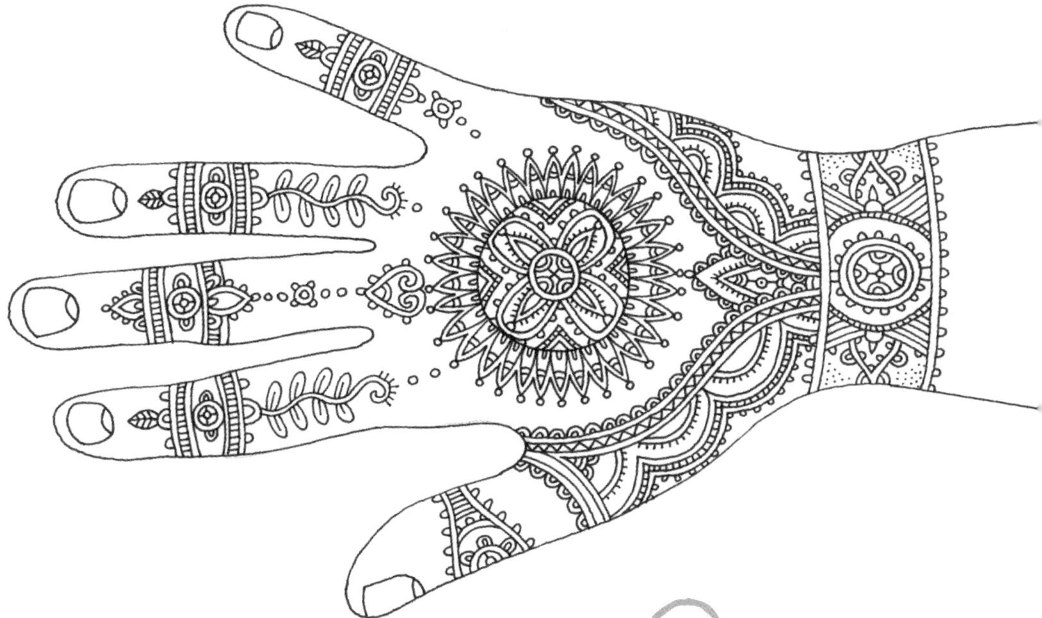

Calaveras de alfeñique

Las calaveras de alfeñique suelen estar elaboradas con azúcar y caramelo, y son el símbolo del Día de los Muertos. Esta celebración tiene lugar en México el día de Todos los Santos, y reconoce la muerte como parte natural de la experiencia humana. Los muertos despiertan de su sueño eterno para unirse a los festejos, donde abundan los colores vivos, trajes originales, comida y espectáculos. La calavera de alfeñique es una imagen popular, y decorarla resulta muy divertido.

Como en todas las imágenes complejas, empiece trazando con un lápiz las zonas más grandes antes de añadir los detalles. Tenga en cuenta que la altura de los ojos se sitúa más arriba que en un rostro natural. Utilice esta imagen como ejemplo, y diviértase empleando la plantilla de la página siguiente para dibujar sus propios modelos. Realice uno cada día de la semana. ¡No pierda la noción del tiempo, pues es adictivo!

Orejas, trompa y colmillos

En varias culturas, los elefantes simbolizan sabiduría, buena suerte o felicidad, y son admirados por su memoria y gran inteligencia. La diosa hindú Ganesha, representada por un elefante con las piernas cruzadas, tiene la función de eliminar los obstáculos del camino de los mortales. Utilice el ejemplo como guía y trace las secciones de su diseño en la plantilla de esta página. Tómese un par de días para añadir los detalles. El resto de días de la semana, dibuje otro elefante en la página de la derecha.

[SEMANA 51]

Animales marinos

Le presentamos dos animales marinos hermosos; existen muchos distintos y dibujarlos resulta siempre divertido. Tanto el pulpo como el calamar tienen ocho brazos, pero este último tiene, además, dos tentáculos más largos que los brazos, y dos aletas. Dibuje los brazos primero con una sola línea, y luego añádale grosor agregando líneas ligeramente superpuestas. La superposición de los brazos expresa profundidad y movimiento. Sitúe primero todos los brazos y tentáculos antes de repasar con tinta, y luego borre las líneas de lápiz e incorpore los detalles. ¡El grado de realismo depende solo de usted!

Esta semana, dedique 15 minutos al día a dibujar pulpos y calamares. ¡Póngase una alarma para no perder la noción del tiempo!

[SEMANA 52]

Dibujo libre

Déjese llevar trazando líneas y motivos decorativos sin bocetos ni plantillas. Esta semana, dedique 15 minutos diarios al dibujo libre, dejando que evolucione día tras día. Puede continuar el dibujo de la esquina o iniciar uno usted mismo.

Recursos

Cuando termine los ejercicios de este libro, espero que reflexione sobre la experiencia y sea consciente de lo que ha conseguido. ¿Cómo proseguirá? Quizá se compre un cuaderno y siga dibujando día tras día, o quiera adentrarse en el dibujo al natural. Tal vez le guste seguir instrucciones o encuentre una comunidad afín en Facebook o Instagram. Hay muchos recursos disponibles que le ayudarán a proseguir su camino artístico, aprendiendo más sobre la práctica diaria tanto de meditación como de dibujo. ¡Existe incluso el generador de consignas de dibujo en línea artprompts.org! A continuación le ofrecemos varias propuestas para empezar.

Proveedores de herramientas de dibujo

www.cheapjoes.com
www.dickblick.com
www.jerrysartarama.com
www.jetpens.com
www.joann.com
www.michaels.com
www.utrechtart.com

Libros

A continuación, cito varios libros sobre meditación de autores que he leído personalmente o que respeto muchísimo.

Chödrön, Pema, *How to Meditate: A Practical Guide to Making Friends with Your Mind*, Louisville, Colorado, Sounds True, 2013.
Gregory, Danny, *Arte antes del desayuno: mil maneras divertidas de ser más creativo, por más ocupado que estés*, Barcelona, Promopress, 2016.
Hendrix, John, *Drawing Is Magic: Discovering Yourself in a Sketchbook*, Nueva York, Stewart, Tabori y Chang, 2015.
Kornfield, Jack, *Meditación para principiantes*, Barcelona, Kairós, 2012.
Salzberg, Sharon. *El secreto de la felicidad auténtica: el poder de la meditación: aprende a ser feliz en 28 días*, Barcelona, Ediciones Oniro, 2011.
Tharp, Twyla. *The Creative Habit: Learn It and Use It for Life*, Nueva York, Simon & Schuster, 2006.

Artistas que dibujan a diario

www.katebingamanburt.com
www.thedrawingmind.com

Centros de retiro y meditación

Insight Meditation Society
Barre, Massachusetts
www.dharma.org

Kripalu
Stockbridge, Massachusetts
www.kripalu.org

Shambhala Mountain Center
Red Feather Lakes, Colorado
www.shambhalamountain.org

Spirit Rock Meditation Center
Woodacre, California
www.spiritrock.org

Cursos en Internet

Para seguir aprendiendo a dibujar, inscríbase en una escuela de arte de su localidad, o por Internet. Cheap Joe's y Jerry's Artarama ofrecen vídeos y clases gratis en sus páginas web. Otras páginas interesantes:
www.craftsy.com
www.creativebug.com
www.skillshare.com

Agradecimientos

Gracias:

A los **niños de mi barrio,** ya que nos reuníamos alrededor de una mesa para dibujar, y ahí se plantó la semilla.

A mi amiga y vecina **Janine Webb,** quien mostró mis obras de arte a Quarto y les dijo: «¡Tenéis que trabajar con esta artista!».

A **Joy Aquilino,** mi editor, quien me ha prestado amablemente su ayuda y apoyo durante este proyecto.

A **Mary Ann Hall,** directora editorial de Quarry Books, quien creyó en mí y en mi idea.

Doy las gracias a mi comunidad de **amigos de Facebook,** cuyos «me gusta», «me encanta» y sus comentarios me han inspirado a diario.

A todos los profesores de talento que he tenido; entre ellos, **Jim Trifone, Mona Constantini, Amy Alpers, Rachel Segel, Jeanne Anselmo, Sharon Salzberg** y **Stephen Cope.** Habéis mejorado mi vida.

Al **padre John Giuliani,** la **hermana Kathleen Deigman** y la maravillosa comunidad **benedictina Grange**, por su inspiración y su inmenso amor.

A **mi tío Frank,** por enseñarme que puedo hacer prácticamente cualquier cosa que me proponga, y quien ha estado a mi lado toda mi vida.

Un agradecimiento y amor profundos a **Pip Jones:** marido, fotógrafo, herramienta de apoyo y experto en PhotoShop, quien cree en mí y siempre está dispuesto a colaborar y ayudarme con cualquier idea loca o emergencia que tenga.

Y a **mis queridas amigas** (ya sabéis quiénes sois), cuyo cariño y apoyo trasciende el tiempo y la distancia. Os quiero muchísimo.

Stephanie Peterson Jones

A la artista e ilustradora **Stephanie Peterson Jones** le encanta crear ilustraciones y diseños. Su obra ilustra páginas de libros infantiles, libros para colorear para adultos, tejidos, material de papelería y artículos de regalo. Trabaja con medios tanto tradicionales (acuarela y gouache) como digitales, a menudo combinándolos. Se la reconoce por sus ilustraciones alegres y coloridas, diseños gráficos, intrincados dibujos a tinta, mandalas y su hermosa caligrafía manual. Stephanie ha ilustrado muchos libros infantiles, entre ellos el galardonado *Peek-a-Moo*, editado desde 1999, y ha otorgado licencias para la reproducción de sus obras a empresas textiles y de papelería y artículos de regalo de todo el mundo. Recientemente, su libro *Where's My Nose* ha sido elegido por Dolly Parton para formar parte de su Imagination Library.

Entre sus clientes se incluyen Calypso Cards, Taunton Press, Round World, Graphique de France, Penguin for Young Readers, The Giftwrap Company, BIC, CR Gibson y Pelican Bay, entre otros.

Tras obtener el máster e iniciar su práctica artística y de meditación diaria, fue maestra durante varios años, una experiencia de aprendizaje que afirma que la ha llevado a la realización de este libro.

En la actualidad es ilustradora a tiempo completo y profesora de pilates a tiempo parcial.

Stephanie y su marido Paul se han trasladado recientemente de Fairfield, en Connecticut, a Asheville, en Carolina del Norte. Antes de trasladarse fundaron Art and Kindness, un proyecto artístico en que crearon peces y banderines decorativos con listones de vallas destruidas por el huracán Sandy. Donaron una parte de las ventas a familias afectadas por desastres naturales.

En la actualidad, Stephanie lleva a cabo una práctica de dibujo diaria, y si se salta un día, se siente un poco enojada. Le inspira la belleza de la naturaleza, la amabilidad de la gente y las pequeñas sorpresas visuales que se encuentra a diario. Cuando no está creando arte, pasea por la montaña, teje, escribe poesía y enseña (o practica) pilates.

A Stephanie le encanta estar en contacto con sus lectores. Visite sus páginas:
www.stephaniepetersonjones.com
www.facebook.com/StephaniePetersonJones
www.instagram.com/peetyjones
www.etsy.com/shop/peetyjonesetsyshop (próximamente)
twitter: @peetyjones